MÉMOIRES

SUR

LA RÉVOLUTION FRANÇAISE.

IMPRIMERIE DE J. TASTU,
RUE DE VAUGIRARD, N° 36.

MÉMOIRES

HISTORIQUES

SUR LA CATASTROPHE

DU DUC D'ENGHIEN.

PARIS.
BAUDOUIN FRÈRES, LIBRAIRES-ÉDITEURS,
RUE DE VAUGIRARD, N° 36.

1824

INTRODUCTION.

Les iniquités couvertes du nom de jugement sont les événemens les plus terribles de l'histoire.

On lit sans émotion le récit d'une bataille où vingt mille hommes périrent les armes à la main. Le lecteur ne plaint personne; il semble que chacun soit mort naturellement. La liberté d'action, la défense opposée à l'attaque, la gloire qui entoure les chefs et les soldats, couvre toutes les tombes, et parle seule à la postérité.

Mais un homme, un seul homme injustement accusé, jugé sans forme, condamné sans défense, après plusieurs siècles trouve encore des ames généreuses qui s'intéressent à sa mémoire, plaignent son sort, et détestent l'horreur d'un pareil jugement!

Que sera-ce donc, si le souvenir d'une telle injustice est encore récent, et si la victime, par l'éclat de son nom, par ses qualités personnelles, par les espérances qui s'y rattachaient, offre un nouvel attrait à la curiosité et à l'intérêt?

Après le procès de l'infortuné Louis XVI et de la reine, celui de M. le duc d'Enghien est le plus digne d'être transmis à l'histoire.

Si les deux premiers, faits avec une grande publicité, attestent jusqu'où peut aller la hardiesse révolutionnaire, le dernier, suivi dans l'ombre, consommé avec une effrayante rapidité, montre ce qu'on doit attendre du despotisme.

Tous les trois confirment cette vérité, qu'il n'y a de salut pour tous, pour les grands comme pour les petits, que dans l'observation rigoureuse des lois de la justice, et le respect des droits de l'humanité.

En publiant les *Mémoires historiques sur la catastrophe du duc d'Enghien*, les éditeurs n'ont pas entendu se constituer juges entre les divers personnages qui figurent dans ce drame funèbre.

Ils ont voulu travailler au profit de la vérité, réunir en un seul faisceau les rayons de lumières qui pouvaient le mettre dans tout son jour, et laisser ensuite au lecteur le jugement impartial des hommes et des choses.

Par un concours fortuit de circonstances, cet événement dont les principales scènes étaient demeurées inconnues, s'est déroulé successivement aux yeux du public.

Une première attaque a provoqué des réfutations; celles-ci ont amené de nouvelles réclamations; ceux-là même qui étaient désintéressés sur la question en ont pris occasion de dire ce qu'ils savaient; chacun s'est empressé de fournir son contingent à l'histoire du duc d'Enghien.

Elle est à peu près complète aujourd'hui.

On connaît à présent quelles furent les causes ou les prétextes de l'arrestation de ce prince.

Comment et par qui cette arrestation fut consommée.

Les détails de son jugement et de sa mort sont révélés.

Enfin l'exhumation du prince a offert de nouveaux détails dignes du plus haut intérêt.

Tout cela n'est pas exposé méthodiquement dans un *Recueil de pièces*, dont aucune n'a eu pour objet de présenter un récit complet;

tout s'y trouve, mais confondu; et il devient nécessaire de ramener les divers documens à chacune des divisions que l'on vient d'indiquer.

1. *Causes de l'arrestation du duc d'Enghien.*

Il paraît que, dès les premiers temps du consulat, Bonaparte avait conçu des inquiétudes sur sa vie. Des conspirations vraies ou fausses avaient accrédité cette idée, son imagination en était frappée.

Une nouvelle circonstance vient donner quelque apparence à ses soupçons. La conspiration de George et de Pichegru avait été découverte : dans toute conspiration on cherche un chef. Un subalterne de George dépose qu'il venait quelquefois chez ce dernier un homme mystérieux pour lequel tous les conjurés affectaient le plus grand respect : on se persuada que c'était le duc d'Enghien, que de faux rapports venus de Strasbourg avaient déjà signalé comme faisant de fréquentes absences, pendant lesquelles il aurait pu se rendre à Paris.

Ces mêmes rapports, où le zèle avait plus de part que la vérité, exagéraient le nombre des émigrés réunis sur la rive droite du Rhin. La manière allemande dont quelques agens de police avaient entendu prononcer le nom d'un certain *Tumery*, faisait croire que c'était *Dumouriez*, et que ce général devait commander l'invasion, dès que l'assassinat du premier consul serait consommé.

Il est certain, au reste, qu'à la même époque les agens anglais s'agitaient fortement sur la frontière de France.

Telles sont les causes qui paraissent avoir décidé le gouvernement consulaire à prescrire l'arrestation du duc d'Enghien. Ces causes, telles qu'on vient de les indiquer, sont signalées dans une LETTRE *jusqu'à présent inédite*, de M. le duc de Rovigo à M. le comte d'Artois, en avril 1814; et dans l'écrit qu'il a publié en 1823 comme EXTRAIT DE SES MÉMOIRES.

Son récit est confirmé d'ailleurs par la NOTE du baron Massias, par la correspondance du préfet de Strasbourg, pages 169 et suivantes, par les pièces extraites du Moniteur, et autres rapportées pages 184 et 188; par les MÉMOIRES de Las Cases et de Montholon, et enfin par le propre témoignage de Bonaparte dans son TESTAMENT.

2. Arrestation du duc d'Enghien.

Cette arrestation, consommée en pays étranger, est appelée *extradition forcée* (page 7).

On peut voir dans Las Cases, cité page 279, comment Napoléon à Sainte-Hélène prétendait expliquer ou justifier cette violation de territoire.

Quant aux circonstances de l'arrestation en elle-même, un jour tout nouveau a été jeté sur cette partie de l'affaire par deux pièces importantes :

1°. Par le journal même de M. le duc d'Enghien, qui se trouve page 88, parmi les pièces dont la révélation est due à M. Dupin;

2°. Par un écrit intitulé: *Examen impartial sur M. de Caulaincourt*, qui paraît aujourd'hui pour la première fois, et qui, nous n'en doutons pas, sera accueilli avec une rare avidité.

Cet écrit est dans le genre didactique. Son auteur paraît avoir pris à tâche de ne parler que pièces en main, et avoir seulement eu pour but de faire ressortir, par le raisonnement, les inductions qui en résultent. Ces pièces, au nombre de trente, presque toutes inédites, et dont plusieurs se trouvent déposées chez un notaire de la capitale, ne laissent rien à désirer à la conviction.

On y a joint (page 135) une *carte lithographiée*, qui indique la route tenue par les généraux et les troupes qui ont passé le Rhin. Le lecteur peut les suivre à la trace.

Jamais le public n'aura été plus à portée de connaître au juste la vérité sur ce fait important.

Cette arrestation, dont l'Electeur aurait dû être averti d'avance, ne fut notifiée officiellement, à son ministre, à Carlsruhe, que par une dépêche diplomatique, écrite par le ministre des relations extérieures de France, le 20 ventôse an XII, et qui ne fut confiée à M. de Caulaincourt que le 21, c'est-à-dire vingt-quatre heures après que le général Ordener, chargé de faire l'arrestation, était déjà parti.

Cette lettre fut portée à Carlsruhe par M. le capitaine Berkeim. *Voyez* page 138. Elle arriva ainsi après l'événement.

3. *Jugement du duc d'Enghien.*

On pensait généralement qu'il y avait eu, après l'arrestation du duc d'Enghien, un *con-*

seil privé, où sa mort avait été résolue. Mais il paraît qu'il n'y a eu, à ce sujet, qu'une conférence dont les circonstances sont rapportées à la page 255.

Murat a-t-il été chargé de tout diriger? — Une note placée page 82, par l'équitable auteur de la *Discussion des actes de la commission militaire*, indique que les témoignages historiques sont divisés sur ce point.

De nouveaux éclaircissemens donnés p. 256 et suivantes, tendent à justifier Murat de toute participation à ce douloureux événement. Mais on ne peut se dissimuler que la note laisse encore à désirer la preuve. Il ne suffit pas d'annoncer qu'elle se trouve dans les pièces que l'auteur de la note dit, page 257, avoir été déposées par Murat chez un notaire de Paris, il faudrait qu'on pût les voir: jusque-là, l'esprit ne peut se refuser au doute. Cette considération décidera sans doute à les produire.

Quant au corps même du procès, on croyait toutes les pièces perdues. Le duc de Rovigo le dit positivement dans l'*Extrait de ses Mémoires*. De fait, le dossier ne s'est retrouvé ni dans les archives de la guerre, ni dans celles de la justice.

Mais la Providence avait permis que les originaux tombassent, par hasard, entre les mains d'un jurisconsulte qui en avait pris une copie figurée, dans la seule vue de les conserver comme monumens historiques.

Ces pièces ont vu le jour. Leur sincérité n'a pu être révoquée en doute. Les juges même qui avaient rendu le jugement n'en ont point contesté l'exactitude. Le fait de la double minute a été avoué par eux. Il se trouve d'ailleurs confirmé (pag. 259) par le témoignage d'un homme qui paraît avoir été bien informé.

En tête de ces pièces se trouve la *Discussion des actes de la commission militaire*, par l'auteur de *La libre défense des accusés*; c'est avoir nommé M. Dupin, qui, depuis long-temps, a pris ces mots pour devise.

Les *Explications* du général Hulin, écrites avec bonne foi et simplicité, ont été accueillies avec intérêt. Les éditeurs se sont fait un devoir de les reproduire à côté du jugement.

4. *Mort du duc d'Enghien.*

Le duc d'Enghien est mort en chrétien et en homme de courage.

Il a été exécuté avec une précipitation qui semble inexplicable.

La minute du jugement, quoique signée, renfermait des blancs et des lacunes qui en faisaient un acte imparfait.

Elle n'a pas été envoyée, selon l'usage, au gouvernement pour attendre ses ordres.

Ces ordres avaient-ils donc été donnés d'avance?...

Il faut bien le penser, malgré l'assertion contraire de Napoléon, rapportée page 289. Car, sans cela, on demanderait pourquoi il n'a pas fait punir le téméraire, qui, sans ordre, aurait passé outre à un véritable assassinat?

5. *Testament du Prince.*

Il paraît constant que ce testament a existé; cependant il n'a pas encore vu le jour. L'auteur de la note, page 257, annonce qu'il se trouve parmi les pièces déposées chez un notaire par Murat. Si le fait est vrai, le notaire doit le produire : car il n'a pu recevoir en dépôt le testament d'un homme mort, sous la condition de le garder, lorsque la loi lui fait un devoir de le présenter à justice. Ce testament est la propriété de la maison de Condé.

A côté du testament écrit du Prince, il faut placer la disposition manuelle qu'il a faite de ses effets et de ses bijoux.

La lettre citée page 105, n° 9, met sur la voie d'une partie de ces effets; mais ont-ils été remis à leur destination ultérieure? — L'auteur anonyme du fragment historique rapporté page 261, prétend qu'ils ont été réellement remis à madame de Rohan.

6. *Exhumation du duc d'Enghien.*

Douze ans après que l'infortuné prince eut été précipité dans la tombe de Vincennes, des mains pieuses sont venues l'arracher à ce lieu de désespoir.

Les précautions convenables ont été prises pour découvrir ses restes précieux, et ils ont été replacés, sous les auspices de la religion, dans un tombeau scellé des larmes de ses anciens serviteurs.

Le procès-verbal de cette exhumation paraît aujourd'hui, pour la première fois, *dans son entier;* car, par des ménagemens inexplicables dans une pareille circonstance, la copie qui en a été donnée dans le *Moniteur*, en 1816, était *tronquée.*

7. *Autres pièces.*

Ce volume renferme encore d'autres pièces qui ont un rapport moins direct à la catastrophe de Mgr. le duc d'Enghien, mais qui n'en ont pas moins paru dignes d'être publiées.

De ce nombre sont les *lettres de M. le duc Dalberg*. Ce diplomate, dont la personne et le caractère avaient été méconnus par un écrivain qu'il nomme en le réfutant, repousse avec indignation les reproches immérités dont il s'est vu l'objet. Il se justifie par sa correspondance contemporaine de l'événement, et il en résulte qu'en effet, alors comme aujourd'hui, le noble duc n'a parlé de l'arrestation, du jugement et de la mort du duc d'Enghien, qu'avec la vertueuse indignation d'un homme de bien.

Dans une de ces lettres (celle du 20 mars 1804), M. le duc Dalberg, alors mal informé, nommait M. de Caulaincourt comme celui qu'il supposait avoir été chargé d'arrêter le duc d'Enghien. Mais une note apposée page 243, au bas de cette lettre, prouve que lui-même a reconnu depuis son erreur, et que cette arrestation a eu lieu par le général Ordener. Au reste, cette erreur ne pourrait tirer à conséquence dans une lettre écrite de Paris à la cour de Bade, qui savait mieux que son ambassadeur que M. de Caulaincourt avait été étranger à l'arrestation.

Une autre attaque, dirigée contre M. le prince de Talleyrand, avait donné lieu à une autre apologie du même genre que celle de M. le duc Dalberg. Les éditeurs regrettent de n'avoir pu se procurer une copie sur l'exactitude de laquelle ils pussent compter, de la *Lettre de M. le prince de Talleyrand au roi*. Ils en donnent du moins un fragment extrait des journaux anglais, avec la sentence portée par S. M. à la suite, telle que l'ont rapportée les journaux français.

Enfin, on lira avec intérêt les détails secrets sur une conférence de Réal avec M. M***; — l'opinion de M. Regnier, ministre de la justice, sur le jugement du duc d'Enghien; — la visite du général Hulin à Réal, à la suite de l'exécution; — le décret de l'électeur de Bade, par lequel tous les émigrés français sont chassés du territoire badois; — les opinions diverses émises par Napoléon pendant sa captivité, sur le jugement du duc d'Enghien, et l'extrait de son testament, daté de Sainte-Hélène ; — enfin la lettre que M. le baron de St.-Jacques, ce fidèle serviteur du duc d'Enghien, a écrite le 12 novembre 1823, en réponse au Mémoire qui forme la seconde pièce de ce volume.

On voit par-là que les éditeurs de ce Recueil de pièces n'ont rien négligé pour le rendre complet, et pour satisfaire la juste curiosité du public sur un des événemens les plus douloureux de notre histoire.

LETTRE

(INÉDITE)

DE M. LE DUC DE ROVIGO,

DESTINÉE A SON ALTESSE ROYALE

M^{gneur} LE COMTE D'ARTOIS,

LIEUTENANT-GÉNÉRAL DU ROYAUME.

MONSEIGNEUR,

Votre Altesse Royale n'aurait pas été ramenée à présider à nos destinées, que je mettrais le même prix à fixer son opinion sur un fait dans lequel j'apprends que l'on m'implique, sans que j'aperçoive comment mon nom peut s'y rattacher. Le premier devoir qu'impose la vertu est de détruire jusqu'à l'apparence du soupçon qui blesse l'honneur, et c'est ce qui me fait entreprendre une justification à laquelle je ne me croyais pas dans le cas de recourir. Tant que Votre Altesse Royale a été hors de France, elle a pu se former, sur les hommes et sur les choses, des opinions déterminées par les correspondances particulières qui se sont plus ou moins ressenties des passions qui caractérisaient ce temps-là. Aujourd'hui qu'elle est sur les lieux, elle peut être informée de ce qu'elle désirera savoir pour ne pas conserver plus longtemps des impressions défavorables à des hommes d'honneur qui ne les ont pas méritées et qui n'étaient pas susceptibles de les encourir. Je veux parler de la catastrophe de S. A. S. monseigneur le duc d'Enghien, sur laquelle tout le monde s'est expliqué sans avoir dit et su la vérité. Différentes classes de la société ont formé sur cette affaire une opinion défavorable qui, comprimée sans doute alors, paraît aujourd'hui se manifester et me comprendre dans le nombre des personnes qu'elle inculpe. C'est à l'équité de Votre Altesse Royale que j'en appelle, et il me suffira d'en mettre sous ses yeux les détails exacts pour qu'elle prenne de toute cette affaire la seule opinion véritable qu'on puisse s'en former.

J'étais en Normandie lorsqu'on recherchait à Paris Georges Cadoudal et ses compagnons de voyage. Plusieurs avaient déjà été arrêtés quand je rentrai dans la capitale, de retour de la mission que j'avais reçu ordre de remplir. Le premier consul était à cette époque à Malmaison; c'est là que je descendis. Le jour même, ou le lendemain, autant que je puis m'en rappeler, étant de service, comme aide-de-camp du premier consul, je reçus une lettre cachetée pour le gouverneur de Paris, qui était alors le général Murat, maintenant roi de Naples. Dans cette lettre était l'ordre de me donner le commandement de Vincennes dont la garnison se composait de plusieurs bataillons d'infanterie et d'une centaine d'hommes environ de la légion de gendarmerie-d'élite dont j'étais le colonel. J'arrivai à Vincennes à six ou sept heures du soir. Ce ne fut que vers dix à onze heures que se présentèrent les membres de la commission militaire qui avaient des instructions du même gouverneur, et qui étaient porteurs d'un ordre pour le commandant d'armes, qui était un autre que moi, de leur remettre le prisonnier désigné dont je n'avais connu l'existence à Vincennes qu'au moment de mon arrivée, et qui n'y était en effet que depuis peu d'heures. Le capitaine rapporteur fit, aux termes de la loi, son information; la commission se réunit, jugea, et le même capitaine rapporteur, toujours aux termes des lois, fit exécuter le jugement par un détachement commandé, selon l'usage, dans les troupes de la garnison; or, comme les gendarmes-d'élite à pied étaient la première troupe de cette garnison, le choix tomba sur eux. Suivant l'ordonnance, c'est le capitaine rapporteur qui est chargé de l'exécution du jugement, et tout ce que la malignité a voulu ajouter est tout-à-fait controuvé. Je n'étais pas même sur les lieux dans ce moment-là ; ce n'était point mon service. Il n'y a eu aucune mauvaise réflexion et encore moins d'injurieux propos. Le jugement rendu par cette commission doit exister aux archives de la police militaire du département de la guerre. Ce serait donc gratuitement que l'on désignerait comme y ayant pris part tels ou tels individus qui y sont étrangers. En voulant même supposer qu'un homme, qui aurait été disposé à transiger avec ses devoirs, eût formé le projet de détourner cet événement, comment aurait-il pu en trouver les moyens?

Cette catastrophe a assez frappé mon esprit pour que j'aie cherché à approfondir ce qui avait pu y donner lieu, et ce n'est que depuis que je suis entré dans les grandes fonctions publiques que j'ai pu y parvenir.

La présence de Georges à Paris n'avait été, pour la police générale, que le sujet d'une recherche ordinaire. Ce ne fut qu'après avoir arrêté plusieurs personnes qui l'avaient accompagné, et avoir réfléchi sur leur naissance et sur la nature de leurs dépositions, que l'on rattacha la mission de Georges aux intérêts les plus élevés. Plus ces idées occupaient les esprits des administrateurs de la police, plus leur imagination s'égarait dans des conjectures et se perdait dans la recherche de ramifications étrangères à l'affaire dont ils étaient chargés. Malheureusement la distinction de quelques-unes des personnes arrêtées semblait donner du poids à toutes ces suppositions.

Dans la confusion de tout ce qui se présentait à l'esprit, un subalterne de Georges déposa qu'il venait quelquefois chez son chef un homme qui lui était inconnu (et il nommait tous les autres), qui paraissait être un personnage d'une haute distinction, parce que toutes les fois qu'il se présentait, Georges allait le recevoir à la porte, le chapeau bas. Lorsqu'il entrait, tout le monde se levait, et personne ne s'asseyait pendant tout le temps qu'il était dans l'appartement, pas même Georges. La déposition de ce subalterne représentait un personnage mystérieux, supérieur à Georges, puisqu'il était l'objet de ses vénérations et de celles des personnes qui étaient avec lui. Ce subalterne ajoutait que c'était un homme d'une taille médiocre, assez mince et chauve, et qu'il ne venait chez Georges que tous les dix à douze jours. Cette déposition parut assez importante pour être communiquée immédiatement au premier consul. On se perdit de nouveau en suppositions pour deviner quel pouvait être l'inconnu. Les noms de plusieurs des personnes qui avaient été arrêtées avec Georges, et particulièrement de trois d'entre elles, firent présumer que cela devait être quelqu'un d'un rang élevé. On chercha donc dans les princes du sang quels étaient ceux qui, par les derniers avis que l'on avait de leur résidence, pouvaient être dans ce cas. La première pensée s'attacha à S. A. R. monseigneur le duc de Berri, mais on sut bientôt qu'il était à Londres. On ne parla point de S. A. R. monseigneur le duc d'Angoulême, parce qu'on le savait à Mittaw. On ne parla point de MM. d'Orléans, parce que les élémens de l'association excluaient cette supposition. On nomma M. le duc de Bourbon, mais on se convainquit que ce ne pouvait pas être lui. On arriva enfin à M. le duc d'Enghien dont on avait eu rarement des nouvelles depuis la paix de Lunéville. Le département de la police écrivit à la gendarmerie pour se faire informer s'il continuait à résider sur les bords du Rhin et savoir ce qu'il y faisait. Il n'est pas hors de propos d'observer qu'à cette époque, l'opinion avait reçu un grand mouvement sur la réaction que l'on supposait devoir être la conséquence de l'exécution des projets de Georges, et que chacun signalait son zèle pour les faire avorter. Le rapport de la gendarmerie (lequel fut adressé au premier consul directement, avant d'être remis à la police qui l'avait demandé) fut que M. le duc d'Enghien était toujours à Ettenheim, qu'il venait d'arriver à Offenbourg et autres petites villes du margraviat de Bade quelques centaines d'émigrés du corps de Condé qui avaient reçu ordre de s'y rendre pour recevoir une destination ultérieure; que M. le duc d'Enghien en voyait beaucoup et qu'il faisait souvent des absences de huit à dix jours sans que l'on sût où il allait. Malheureusement, il ne se trouvait personne près du premier consul qui pût lui expliquer que M. le duc d'Enghien était grand chasseur; qu'il allait souvent jusque dans les environs de Constance et dans toutes les vallées de la Forêt-Noire pour y chercher un sanglier ou un cerf, et qu'en revenant de ces courses, il s'arrêtait ordinairement chez madame de Rohan Rochefort, ce qui expliquait suffisamment les absences de huit à dix jours dont parlait le rapport fait par la gendarmerie. Faute de connaître ces détails, on attribua les absences dont il s'agit à des excursions à Paris, qui avaient paru possibles, en songeant qu'on pouvait passer le Rhin à Rhineau, venir, par le plus court chemin, en quarante-huit heures, et n'en pas mettre davantage pour le retour, ce qui déterminait les huit ou dix jours dont il a été parlé plus haut. C'est ainsi que l'on s'égara, et que l'on prit monseigneur le duc d'Enghien pour le personnage mystérieux dont il était question dans la déclaration du subalterne de Georges. Les idées que l'on s'était faites accréditèrent cette opinion, et l'extradition forcée de S. A. R. fut dès-lors ordonnée et exécutée par des moyens étrangers au département de la police qui n'a eu connaissance de cette affaire qu'après son dénoûment. J'ai rendu compte de ce qui s'était passé à Vincennes, et ce ne fut que huit à dix jours après la décision de la commission militaire qui avait bien réellement cru juger le personnage mystérieux, que l'on arrêta, à Paris, le général Pichegru qui, compris dans l'information que faisaient les tribunaux sur toute cette affaire, et confronté avec les subalternes de Georges, fut reconnu par eux pour le personnage qui se rendait chez Georges tous les huit à dix jours, et était l'objet de ses respectueux égards. Ce ne fut qu'à ce moment que la vérité vint éclairer la fatale méprise dans laquelle on était tombé. Ces détails ont été connus du premier consul; s'ils n'ont point été rendus publics, c'est sans doute parce qu'on voulait éviter de donner du mouvement à l'opinion sur une matière qui devenait dangereuse en ce qu'elle pouvait réveiller des passions. Aujourd'hui je les soumets à Votre Altesse Royale parce que je suis en France presque le seul qui, par la nature des fonctions qu'il remplissait, aie pu connaître exactement la vérité, et je regarde comme un devoir d'éclairer l'opinion que Votre Altesse Royale pourrait prendre sur une affaire qui n'est aucunement le résultat d'une préméditation, mais bien celui d'une funeste erreur sur laquelle le gouvernement devait être informé par les délégués de son pouvoir et les organes qu'il avait chargés de l'instruire; elle est encore bien moins l'œuvre personnelle d'officiers d'honneur auxquels la malveillance pourrait vouloir faire perdre l'estime de Votre Altesse Royale, à laquelle leur donnent des droits les longs services qu'ils ont rendus à la patrie.

Je suis avec respect,
  Monseigneur,
 De Votre Altesse Royale,
  Le très-humble et très-obéissant serviteur.

Paris, le avril 1814.

EXTRAIT
DES MÉMOIRES
DE M. LE DUC DE ROVIGO,

CONCERNANT LA CATASTROPHE

DE MGR LE DUC D'ENGHIEN.

―――

En répondant à l'article inséré dans *l'Oriflamme* du 9 de ce mois (novembre 1823), au sujet de la mort de M. le duc d'Enghien, j'ai demandé quelques jours pour éclaircir ce qui me concerne dans cette catastrophe, et je tiens ma parole.

Je ne viens pas soulever les passions, ni faire réagir l'opinion dans un sens agitateur; je ne veux que faire connaître la part que j'ai prise à cet événement, et démontrer qu'elle n'était que la conséquence du devoir militaire que je remplissais.

Tous les pamphlets qui ont été écrits sur cette funeste affaire en ont dénaturé la cause et les faits; tous m'ont donné un caractère qui n'est pas le mien, et se sont efforcés de chercher, jusque dans une origine qu'ils me supposent, les dispositions naturelles qui servaient le mieux leurs passions.

S'étant ainsi établis sur des erreurs, ils en ont fait adopter les conséquences.

J'appartiens à une famille dont je puis m'honorer ; mon père avait, par une longue carrière à la guerre, obtenu un rang supérieur dans la cavalerie ; et à l'âge de quinze ans j'entrai dans le régiment de *Royal-Normandie*, cavalerie, où il avait servi. M. le prince de Chalais était mon colonel, et j'avais été fait officier, comme ayant été six ans élève du roi au collége royal de Saint-Louis, à Metz ; c'était de droit alors. Cela, et le vieil honneur héréditaire que dans les familles on se transmettait d'âge en âge, formaient tout mon patrimoine.

La révolution me prit donc dans cette situation, trop jeune pour être son instrument, et déjà assez mûr pour faire un choix entre le bien et le mal : aussi ai-je été assez heureux pour la traverser en restant étranger aux calamités dont elle nous a si long-temps accablés.

La révolution du 18 brumaire venait d'éclater. J'arrivais d'Égypte avec le général Desaix, dont j'étais le premier aide-de-camp, lorsqu'à sa mort, sur le champ de Marengo, le premier consul m'attacha à sa personne avec le même titre (mais non pas comme premier). Je lui avais dévoué mon existence entière en retour des bienfaits dont il m'avait comblé ; et si ce petit écrit, en purgeant une odieuse calomnie déversée injustement sur moi, peut effacer le nuage dont la malveillance, en propageant un mensonge, a obscurci sa gloire, ce ne sera qu'une faible reconnaissance de tout ce que je lui dois.

Il n'aimait pas l'anarchie; il avait arrêté en France l'écroulement du reste de l'ordre social; et c'eût été lui faire mal sa cour que de vouloir donner des gages à un parti qu'il comprimait de toutes ses forces.

Pendant les dix-huit ans que je l'ai servi, je n'ai reçu de lui aucune commission dont je ne puisse me trouver flatté : peut-être même aurais-je droit de me prévaloir de quelques actions qui ne sont pas sans honneur; et j'ai eu plus d'une fois l'occasion de me convaincre que l'envie avait plus de part dans les animosités qui m'ont poursuivi, que mes propres actions n'y avaient donné lieu.

On peut se rappeler que l'époque du gouvernement consulaire fut féconde en complots et conspirations de toute espèce : témoins la machine infernale du 3 nivose, le projet d'assassinat du premier consul à l'Opéra, les conjurations de B...te, à l'occasion du concordat, etc., etc.

Les républicains ne pouvaient lui pardonner d'avoir brisé les faisceaux de la république et du Directoire, et les royalistes voyaient dans sa destruction le moyen de rétablir sur ses ruines le trône des Bourbons.

De toutes ces conspirations, la plus célèbre et la plus dangereuse pour lui fut celle de Georges Cadoudal, parce qu'il comptait au nombre de ses complices deux généraux dont l'un surtout pouvait exercer une grande influence sur l'armée.

Je n'entreprends point ici d'examiner s'il avait le dessein de tuer le premier consul, ou simplement de le renverser, comme il l'a prétendu : mais la conspiration existait ; c'est un fait qu'il est impossible de révoquer en doute. Que cette conjuration ait été le principe et la cause du malheur du duc d'Enghien, c'est ce que je vais démontrer et soumettre au jugement du public.

A l'époque où la conspiration de Georges fut découverte, le premier consul était au plus haut degré de sa puissance morale. L'éclat de ses victoires, le retour de l'ordre public, les grandes créations politiques qui lui devaient leur existence, le rétablissement de la religion, la sécurité de l'État, tous ces grands avantages de l'ordre social qui succédaient au chaos de l'anarchie, inspiraient un véritable enthousiasme. L'armée, qui était toute campée, professait pour lui un dévouement sans bornes. De toutes parts le premier consul recevait des adresses qui le pressaient d'en finir avec ses ennemis. Le général Moreau avait été arrêté le 15 février, sur un rapport du grand-juge : la France entière était dans l'attente des plus grands événemens.

On instruisait le procès de Georges avec la plus grande solennité. On avait établi le juge instructeur au Temple pour lui faciliter les nombreuses confrontations qu'il avait à faire. Ce siége extraordinaire de la justice était ouvert au public; on en avait rendu l'accès très-facile.

La police poursuivait ses recherches avec une ardeur extrême. On ne voyait dans Georges qu'un agent propre à exécuter, qu'un instrument mis en action par une main plus puissante que la sienne. On se demandait quel était le chef de l'entreprise, quelle tête élevée viendrait recevoir la couronne le jour où le premier consul aurait perdu la vie. On multipliait les interrogatoires; on pressait de questions tantôt les gens de Georges, tantôt ses complices, tantôt les personnes qui avaient habité les mêmes maisons qu'eux. Toutes les recherches étaient infructueuses.

Enfin deux subordonnés de Georges déclarèrent que, tous les dix ou douze jours, leur maître recevait la visite d'un personnage dont ils ignoraient le nom, mais qui devait être d'une haute importance.

Il paraissait âgé de trente-six ans; ses cheveux étaient blonds, son front dégarni, sa taille et sa corpulence moyenne, sa mise soignée; on lui témoignait beaucoup d'égards; et lorsqu'il entrait dans l'appartement, tout le monde se levait et ne s'asseyait plus, même MM. de Polignac et de Rivière. Il s'enfermait habituellement avec Georges, et l'un et l'autre étaient toujours seuls.

Ces révélations excitèrent une attention particulière. Quel pouvait être ce personnage mystérieux? Ce n'était pas un homme d'un rang ordinaire; tant d'égards ne pouvaient s'adresser qu'à quelqu'un d'une haute considération. L'imagination remplit alors son rôle. Georges était muni de sommes considérables, ainsi que tous ceux qui avaient été débarqués comme lui par le capitaine Wright. Cette circonstance démontrait assez que l'entreprise avait un point de départ très-élevé. On joignait à cela les dépositions de quelques subordonnés de Georges, qui rapportaient ce qu'on leur avait dit en leur remettant les poignards que l'on trouva sur eux. La révolution pouvait à la vérité profiter du coup porté par Georges; mais il était évident que ce n'était point au profit de la république que la conjuration avait été formée. La maison de Bourbon se présentait naturellement à tous les esprits. On imagina donc que le personnage mystérieux de la recherche duquel on s'occupait, ne pouvait être qu'un de ceux qui étaient particulièrement intéressés à la réussite du projet. On disait au premier consul, et le premier consul se disait à lui-même, qu'il n'était pas probable qu'on se fût engagé dans une pareille entreprise sans avoir sur les lieux un prince de la famille qui pût rallier tout à lui aussitôt que le coup serait porté. On fortifiait ce raisonnement de l'observation que c'était chez Georges seulement, et non chez le général Moreau, que s'était montré le personnage mystérieux.

On fit alors l'appel des princes de la maison de Bourbon; ce n'était pas Monsieur, comte d'Artois; son âge s'y opposait; ce n'était pas M. le duc de

Berri : les gens de Georges le connaissaient personnellement, et ils affirmaient que ce n'était pas lui. On ne pouvait arrêter sa pensée sur M. le duc d'Angoulême : il était à Mittaw, auprès du roi. M. le duc de Bourbon était à Londres, et son signalement ne pouvait s'accorder avec celui du personnage inconnu. On s'arrêta donc naturellement à M. le duc d'Enghien.

La mauvaise fortune sembla rassembler alors une masse de circonstances et de conjectures qui devaient l'accabler. Il était dans les États de Bade, près du Rhin. Les détails donnés sur l'étranger mystérieux s'appliquaient assez bien à sa personne ; son courage et la résolution de son caractère le rendaient propre à une entreprise décisive et périlleuse.

Il est bon de faire observer qu'à cette époque les ramifications de la police ne s'étendaient pas au-delà des frontières : c'était uniquement par le ministère des relations extérieures que le gouvernement recevait toutes les informations qui lui venaient du dehors.

On avait fait part au premier consul de la révélation des deux subordonnés de Georges, et des conjectures dans lesquelles on s'était jeté, et auxquelles on s'arrêtait faute de plus amples renseignemens. Le premier consul ordonna sur-le-champ d'envoyer quelqu'un sur les lieux, pour s'informer de ce qu'avait fait le duc d'Enghien depuis six mois. Il chargea de ces informations le conseiller d'État Réal qui ne perdit point de temps, et se rendit lui-même chez le premier inspecteur-général de la gendarmerie (c'était alors le général Moncey), lui traça la marche qu'il avait à suivre, et lui déclara que le premier consul voulait que l'on partît sur-le-champ.

Le général fait aussitôt choix d'un officier de ses bureaux, lui fait part des instructions qu'il vient de recevoir, et le presse de se rendre sur les lieux. Cet homme n'était pas sans capacité, mais son imagination avait sur lui plus d'empire que la raison. Voilà tout-à-coup qu'il se laisse surprendre par l'idée que le duc d'Enghien est infailliblement le personnage que l'on cherche, qu'il s'occupe beaucoup plus de l'importance de sa mission et de son rapport, que des recherches auxquelles il doit se livrer.

Il part en toute diligence, il arrive à Strasbourg: là il a pu apprendre que le duc d'Enghien venait presque toutes les semaines au spectacle dans cette ville. C'est une particularité qui m'a été assurée par une personne qui lui était attachée à l'époque de son enlèvement. On ajoutait même qu'il était venu jusqu'à Paris sous le gouvernement du Directoire, et lorsque Bernadotte était ministre de la guerre. On concluait de-là que, s'il s'exposait à de si grands dangers pour l'amour du spectacle, il n'en craindrait pas pour de plus grands intérêts.

Plein de ses premières idées, l'officier se rend de Strasbourg à Ettenheim, observe, questionne, et conclut de tout ce qu'il voit, de tout ce qu'il entend, que la complicité du duc d'Enghien avec Georges est un fait démontré.

Le Prince vivait le plus simplement du monde; les émigrés réunis aux environs d'Offenbourg venaient lui offrir leurs hommages; il les recevait à sa table, peut-être leur donnait-il quelques secours; l'exercice de la chasse, une liaison de cœur avec une dame française qui partageait son exil, c'étaient là tous ses plaisirs. Allait-il à la chasse, il y passait plusieurs jours; ce qui est facile à concevoir quand on aime ce genre d'amusement, et que l'on connaît les montagnes de la Forêt-Noire.

L'agent observateur voyait les choses d'une toute autre manière : il n'était pas en état de comprendre que les absences du Prince, quand elles n'avaient pas la chasse pour but, étaient la conséquence de son respect pour l'objet de ses affections. Il se hâte de rédiger son rapport et de se rendre à Paris.

« Le duc d'Enghien menait, disait-il, une vie
» mystérieuse; il recevait un grand nombre d'é-
» migrés qui, d'Offenbourg, se réunissaient chez
» lui; il faisait des absences fréquentes qui du-
» raient huit, dix, douze jours, sans qu'on pût
» en pénétrer le secret : c'était donc à Paris qu'il
» allait. »

Le premier inspecteur de la gendarmerie reçoit ce rapport, et le porte lui-même au premier consul, au lieu de le remettre à M. Réal.

Celui-ci arrive à la Malmaison; on lui demande comment il est possible que la police ne sache pas un mot de ce qui se passe à Ettenheim. « J'attends,
» dit M. Réal, le retour d'un officier de gendar-
» merie qui a été envoyé sur les lieux, et chargé
» de me faire un rapport. — Ce rapport, le voici,
» réplique le premier consul; c'est par lui et par
» le préfet de Strasbourg (alors M. Shée, oncle
» du duc de Feltre) que je viens de savoir tout ce
» qui concerne le duc d'Enghien; mais cela ne
» durera pas; j'ai donné ordre de l'enlever avec
» tous ses papiers : ceci passe la plaisanterie. Il
» serait par trop absurde qu'on vînt d'Ettenheim
» organiser un assassinat contre moi, et qu'on se
» crût en sûreté parce qu'on est sur une terre
» étrangère. »

Des conseillers officieux avaient fait au premier consul ce calcul : Soixante heures pour venir d'Ettenheim à Paris, en passant le bac de Rhinau; soixante heures pour retourner, voilà cinq jours; cinq jours pour rester à Paris, voilà les dix jours d'absence observés par l'officier de gendarmerie, et les dix ou douze jours de distance indiqués d'une visite à l'autre par les agens de Georges. Ce calcul pouvait être facilement réfuté; car il aurait fallu, pour l'admettre, que le duc d'Enghien repartît d'Ettenheim presque aussitôt qu'il y serait arrivé. Mais quand on est prévenu, il est rare que l'on se soumette à une objection raisonnable. Il m'a été assuré depuis, qu'aussitôt et après le départ de l'officier de gendarmerie, le premier consul avait tenu un conseil privé, à la suite duquel le ministre de la guerre avait donné au colonel des grenadiers à cheval l'ordre de se rendre à Neuf-Brisack, de s'y aboucher avec la gendarmerie qu'on mettait à sa disposition, de prendre dans la garnison le nombre d'hommes qu'il croirait nécessaire, de passer le Rhin, et de se porter rapidement sur Ettenheim, d'y enlever le duc d'Enghien, et de l'envoyer à Paris avec tous ses papiers.

On attachait un grand prix à ses papiers, parce que l'on se rappelait les rapports qui avaient eu lieu autrefois entre le prince de Condé, Pichegru et plusieurs officiers de son armée; et comme le général Moreau était impliqué dans cette affaire, on eut la pensée que les auteurs du projet auraient essayé de recommencer par Moreau ce qui, autrefois, avait été tenté par Pichegru. Or, il n'y avait pas dans cette partie des frontières moins de dix régimens de cuirassiers, et les deux de carabiniers qui avaient servi en dernier lieu sous Moreau s'y trouvaient aussi (1).

Le colonel de grenadiers partit, et s'acquitta

---

(1) Le premier consul n'eut jamais l'esprit net des soupçons qu'on y avait fait entrer à ce sujet; car après la mort du duc d'Enghien, il fit partir quatre régimens de cuirassiers pour l'Italie, et les deux de carabiniers pour le camp de Saint-Omer où à coup sûr ils n'étaient pas destinés à être embarqués, comme les chasseurs et hussards. Enfin, on ne se tran-

ponctuellement de ses ordres; mais il pouvait survenir un obstacle qu'il était bon de prévoir. On était prévenu de l'idée que le duc était chef de parti, et que les émigrés réunis autour d'Offenbourg étaient une troupe toute prête à servir sous ses ordres. Il pouvait donc arriver que le colonel éprouvât de la résistance, et qu'il restât lui-même prisonnier. Dans ce cas la cour de Bade serait intervenue sans doute, et il aurait fallu nier l'entreprise; ce que le caractère de l'officier ne permettait pas, ou bien il fallait l'abandonner à son sort, et, dans tous les cas, manquer son but.

Pour obvier à cet inconvénient, on avait remis à un aide-de-camp du premier consul une lettre pour le margrave de Bade, dans laquelle, en cas de besoin, on justifiait l'hostilité apparente que l'on venait de commettre; mais tout ayant réussi comme on le désirait, elle ne fut pas remise, et cet aide-de-camp resta à Strasbourg et aux environs. Le margrave se plaignit aux Tuileries par son ministre à Paris; en lui donnant satisfaction, on lui intima l'ordre d'éloigner sur-le-champ de son territoire cette réunion d'émigrés qui avaient reparu sur les bords du Rhin, n'importe à quel titre ils y fussent. La cour obéit, et il ne fut plus question de l'enlèvement du duc d'Enghien.

---

quillisa tout-à-fait qu'en remaniant à neuf la tête de tous ces corps, et qu'après que la campagne de 1805 leur eut donné des idées nouvelles.

Le Prince fut amené à Strasbourg; le télégraphe annonça son départ de cette ville; il fut transféré à Paris. Le colonel des grenadiers et l'aide-de-camp du premier consul arrivèrent séparément, et non avec l'escorte, comme on l'a dit. Il n'entra point chez le duc d'Enghien; il cerna la maison avec les troupes qu'il avait amenées. C'est la gendarmerie qui procéda en dedans, et qui fit son procès-verbal. Le colonel des grenadiers ne fit que la protéger.

Je venais d'arriver d'une mission qui avait duré près de deux mois, et pendant laquelle j'avais appris l'arrestation du général Moreau, de Georges et de Pichegru. J'étais chez M. Beugnot, alors préfet de Rouen, quand les feuilles publiques en rendirent compte, ainsi que le jour où l'on partit pour aller enlever M. le duc d'Enghien.

Ma mission en Normandie avait deux objets : l'un relatif au passage des flottilles qui se rendaient le long de la côte depuis l'embouchure de la Seine jusqu'à Boulogne, l'autre d'observer si de nouveaux débarquemens clandestins s'effectuaient encore depuis Abbeville jusqu'au Hâvre, et j'avais l'ordre d'envoyer à Paris tout ce qui y avait pris part.

J'étais parti de Paris le lendemain des premières révélations de l'homme qui fit connaître l'existence de ce projet.

Si mon voyage avait duré deux jours de plus, je n'aurais rien à dire aujourd'hui sur la mort du

Prince; et il serait absurde de supposer qu'elle dépendît de mon retour.

Jusque-là j'étais resté étranger à tout ce qui venait d'avoir lieu, lorsqu'étant de service à la Malmaison, je fus, à cinq heures du soir, appelé dans le cabinet du premier consul qui me remit une lettre cachetée, avec ordre de la porter au général Murat, gouverneur de Paris.

Je partis à cheval; j'arrivai chez lui vers les six heures du soir, et me croisai sous la porte avec le ministre des relations extérieures, qui en sortait.

Comme je l'avais vu le matin à la Malmaison, et que je savais le général Murat malade au point de garder son appartement, je ne m'arrêtai pas à la réflexion que cette heure n'était pas l'heure ordinaire du ministre, et je mis cette visite sur le compte de la maladie.

Le général prend la lettre, la lit, et me dit qu'on me fera part incessamment des ordres qui me concernent dans ceux que je viens de lui remettre.

Je déclare ici dans toute la sincérité de mon cœur, et sous la garantie de l'honneur militaire, que j'ignorais entièrement qu'il fût question de M. le duc d'Enghien, que je n'avais nullement connaissance de son enlèvement au-delà du Rhin, ni de son arrivée à Paris; on ne m'en avait pas dit un mot à la Malmaison, si ce n'est vaguement, au moment de mon départ, et, je crois, parce que la dépêche télégraphique qui annonçait son départ de Strasbourg venait d'arriver, et que l'on en chuchotait dans le salon de service. J'étais, en partant du château, dans la ferme persuasion que je devais y retourner après avoir rempli ma mission. Le mot seul du général Murat me porta vers d'autres pensées.

Je reçois l'ordre de prendre sous mon commandement une brigade d'infanterie qui occupait les extrémités du faubourg Saint-Antoine, et qui devait se réunir à Vincennes à dix heures du si (1).

Comme la légion de gendarmerie était à la proximité de ce corps (elle occupait l'Arsenal), j'avais été chargé d'observer si l'on ne cherchait point à le détourner de ses devoirs; quand je dis moi, c'est ma légion; car j'étais le plus souvent absent. La découverte de la conspiration de Georges, où Moreau se trouvait compromis, excitait la sollicitude du gouvernement jusque dans les moindres choses.

La gendarmerie d'élite, dont j'étais colonel, ne faisait point encore partie de la garde; elle appartenait à la garnison de Paris; elle se composait d'un petit bataillon et de quatre escadrons de cavalerie

---

(1) Il s'en trouvait aussi plusieurs autres qui, dans cette circonstance, avaient été rapprochées de Paris, sans que cela fût ostensible. C'étaient des troupes, pour la plupart, en mauvais état, que le premier consul faisait venir, habiller, équiper et diriger sur Boulogne. On avait, à cette occasion, fait mettre celle-ci sous les armes.

choisis sur le corps entier de la gendarmerie (1).

Elle avait reçu ordre du gouverneur de Paris d'envoyer son infanterie et un fort détachement de cavalerie tenir garnison à Vincennes, et le double de cet ordre m'avait été expédié.

Vers huit heures du soir, je me rendis moi-même sur les lieux pour y rassembler la brigade. J'étais occupé à disposer ce corps et la gendarmerie à toutes les issues de la place, lorsque je vis arriver les membres de la commission militaire. Jusqu'au moment où l'on m'apprit à Vincennes que le duc d'Enghien y était arrivé à quatre heures du soir, venant de Strasbourg, sous l'escorte de la gendarmerie, je croyais fermement qu'il avait été trouvé

---

(1) Elle était formée de six cents hommes environ; la plupart avaient été sergens et sergens-majors dans l'armée; je les aimais comme on doit aimer de braves gens, et je n'avais pas de plus grand plaisir que de me servir des avantages de ma situation pour leur faire du bien. Les marques de leur attachement pour moi m'ont aidé à supporter toutes les tracasseries auxquelles m'exposait un commandement objet de beaucoup de jalousies. Je leur avais communiqué tout le zèle dont je me sentais animé; et je dois dire à la face du monde que je n'ai pas connu un seul d'entre eux auquel on aurait osé proposer une mission équivoque, et, si on l'eût fait, celui auquel on se serait adressé aurait été aussitôt éloigné de cette troupe.

On a tenu sur le compte des gendarmes-d'élite beaucoup de propos injustes et calomnieux; mais on ne se serait pas exposé à les insulter, on savait trop de quelle manière on aurait été reçu.

dans une cachette de Paris, comme les compagnons de Georges, tant je m'étais peu arrêté à ce que l'on croyait savoir de la dépêche télégraphique. Il était impossible que ces circonstances n'excitassent pas en moi une vive curiosité. J'étais impatient de connaître les détails d'une affaire si extraordinaire. On aurait pu former une commission d'hommes exaltés; mais celle-ci fut, comme tout le monde sait, composée de divers colonels dont les régimens formaient la garnison de Paris, et le général commandant de la place en devenait naturellement le chef. Cette commission ne savait pas un mot des révélations qu'avaient faites les gens de Georges sur le personnage mystérieux; elle n'avait, pour toute pièce du procès, que le rapport de l'officier de gendarmerie envoyé à Ettenheim, et les documens envoyés par M. le préfet Shée. Les hommes qui la composaient n'étaient pas d'une opinion exagérée; ils étaient, comme toute la France, indignés d'un projet dont le but était l'assassinat du premier consul; ils étaient persuadés, comme tout le monde, que Georges n'opérait que sous la direction d'un prince intéressé au succès de l'entreprise, lequel devait ou être à Paris, ou s'y rendre quand sa présence y serait nécessaire. On ne voyait que M. le duc d'Enghien qui, par sa position, pût jouer ce premier rôle. C'était sous ces couleurs qu'on le représentait.

La commission s'assembla dans la grande salle de la partie habitée du château; sa séance ne fut point mystérieuse, comme on l'a dit dans quelques pamphlets; elle avait été convoquée, non d'après un ordre du premier consul seulement, mais d'après un arrêté du gouvernement, contresigné par le secrétaire-d'État, et adressé au gouverneur de Paris, qui le remit au président.

Chacun des membres qui la composaient avait reçu séparément sa nomination avant de se rendre à Vincennes, et cela sans avoir vu personne; car le temps qui aurait été physiquement nécessaire pour pratiquer quelques menées près d'eux n'avait pu exister, si leur caractère personnel d'ailleurs n'avait pas repoussé l'emploi de ce moyen. Les portes de la salle étaient ouvertes et libres pour tous ceux qui pouvaient s'y rendre à cette heure.

Il y avait même assez de monde pour qu'il m'ait été difficile, étant arrivé des derniers, de pénétrer derrière le siége du président, où je parvins à me placer, car il me tardait d'entendre les débats de ce procès.

J'arrivai trop tard pour voir entrer le Prince. La discussion était déjà entamée et d'une manière fort vive; le duc d'Enghien repoussait avec indignation les imputations qu'on lui opposait de participation à un assassinat; et d'après ce que j'ai appris sur les lieux, il venait d'avouer qu'il ne devait rentrer en France que les armes à la main. A la chaleur avec laquelle il parlait à ses juges, il était aisé de voir qu'il ne se doutait nullement de l'issue que devait avoir ce procès.

La commission le laissa parler autant qu'il le voulut; et quand il eut fini, on lui fit observer, ou qu'il ne connaissait pas sa situation, ou qu'il ne voulait pas répondre aux questions qu'on lui adressait; qu'il se renfermait dans sa naissance et la gloire de ses ancêtres; qu'il ferait mieux d'adopter un autre système de défense. On ajouta qu'on ne voulait point abuser de sa situation; mais qu'il n'était pas probable qu'il ignorât, aussi complétement qu'il le disait, ce qui se passait en France, lorsque non-seulement le lieu qu'il habitait, mais la France et l'Europe entière en étaient occupés; qu'il ne parviendrait jamais à faire croire qu'il fût indifférent à des événemens dont toutes les conséquences devaient être pour lui; qu'il y avait en cela trop d'invraisemblance pour qu'on ne lui en fît pas l'observation, qu'on l'engageait à y réfléchir, et que cela pouvait devenir sérieux.

M. le duc d'Enghien, après un moment de silence, répondit d'un ton grave :

« Monsieur, je vous comprends très-bien; mon
» intention n'était pas d'y rester indifférent. J'avais
» demandé à l'Angleterre du service dans ses ar-
» mées, et elle m'avait fait répondre qu'elle ne
» pouvait m'en donner, mais que j'eusse à rester
» sur le Rhin, où j'aurais incessamment un rôle à
» jouer, et j'attendais. Monsieur, je n'ai plus rien à
» vous dire (1). »

---

(1) En quittant *le Bellerophon* dans la rade de Plymouth

Telle fut exactement la réponse du Prince. Je l'écrivis aussitôt; je la cite aujourd'hui de mémoire; mais elle y était gravée si profondément, que je ne crois pas en avoir oublié une seule syllabe. D'ailleurs elle doit se trouver parmi les pièces du procès ; et si elle n'y est pas, c'est assurément parce qu'on l'en a soustraite (1).

Ces dernières paroles décidèrent du sort de M. le duc d'Enghien. Il avait précédemment parlé des secours pécuniaires qu'il recevait de la cour de Londres : c'était une pension que lui faisait l'Angleterre; mais il s'était exprimé d'une manière à

---

en 1815, je fus transféré à bord de la frégate *l'Eurotas*, pour être conduit prisonnier à Malte. Le capitaine de cette frégate était M. Lylycrap. Pendant la traversée, il m'a raconté qu'il avait été employé près de M. Drake, sur les bords du Rhin; qu'il avait été envoyé dans toutes les petites cours d'Allemagne, à Offenbourg et à Ettenheim, chez M. le duc d'Enghien; il pestait encore de rage contre Méhée qui, disait-il, les avait si indignement trompés.

(1) Pendant mon ministère, j'ai acquis par moi-même la preuve que l'on avait enlevé des archives du Palais de Justice les pièces du procès criminel sur lesquelles on avait osé condamner la reine de France, au point que le dossier de ce procès se réduit à quelques chiffons dérisoires: et j'ai su que, dans les premiers jours de la restauration, en 1814, l'un des secrétaires de M. de T.... n'a pas cessé de faire des recherches dans les archives sous la galerie du Muséum. Je tiens ce fait de celui qui a reçu l'ordre de l'y laisser pénétrer. Il en a été fait de même, au dépôt de la guerre, pour les actes du procès de M. le duc d'Enghien, où il ne reste que la sentence.

faire croire qu'au lieu d'une pension alimentaire, ce pouvait être un argent corrupteur destiné, comme celui de Georges, à payer la conjuration; et aucun de ses juges ne connaissant sa situation financière, cette particularité ajouta aux préventions qu'on avait déjà contre lui. La fatalité conduisait ce Prince.

La commission se croyant suffisamment éclairée, ferma la discussion, et fit évacuer la salle pour délibérer en secret. Je me retirai avec les officiers de mon corps, qui, comme moi, avaient assisté aux débats, et j'allai rejoindre les troupes qui étaient sur l'esplanade du château.

La commission délibéra fort long-temps : ce ne fut que deux heures après l'évacuation de la salle, que l'on connut son jugement.

L'officier qui commandait l'infanterie (1) de ma légion vint me dire avec une émotion profonde, qu'on lui demandait un piquet pour exécuter la sentence de la commission militaire. « Donnez-le, répondis-je. — Mais où dois-je le placer? — Là où vous ne pourrez blesser personne » (car déjà les habitans des populeux environs de Paris étaient sur les routes pour se rendre aux divers marchés).

Après avoir bien examiné les lieux, l'officier choisit le fossé, comme l'endroit le plus sûr pour ne blesser personne : il n'y eut pas d'autre motif de préférence. M. le duc d'Enghien y fut conduit par

---

(1) Je crois que c'était alors M. Delga, tué depuis à Wagram.

l'escalier de la cour d'entrée du côté du parc, y entendit sa sentence qui fut exécutée (1).

A quelles épreuves la fortune ne se plaît-elle pas quelquefois à nous réserver, soit que l'on commande, soit que l'on obéisse! Je viens de raconter tout ce qui s'est passé dans ce funeste événement: je n'ai pas caché un seul mot de ce qui me regarde. Cent témoins peuvent attester ce que je viens de dire : après dix-neuf ans, la mort n'a pas tout moissonné. Que tous ceux qui vivent parlent, et qu'ils s'élèvent pour m'accuser, si je mérite de l'être; qu'ils déclarent si j'ai rien fait de plus que ce que je viens d'exposer. Et cependant, on s'est plu à amasser sur ma tête les bruits les plus odieux; on m'a désigné à la haine publique, que je n'ai jamais méritée ; on m'a imputé des actes que je n'aurais jamais pu commettre quand je l'aurais voulu, mais auxquels mon caractère, qu'on a cherché à calomnier, se serait invinciblement opposé. Il ne peut y avoir que des hommes capables de les commettre eux-mêmes, qui soient assez vils pour les imputer aux autres. Examinons ces diffamations.

On m'a accusé d'avoir attaché une lanterne sur la poitrine du duc d'Enghien : des méchans ont répandu le bruit aussi absurde qu'exécrable, que

---

(1) Entre la sentence et son exécution on avait creusé une fosse : c'est ce qui a fait dire qu'on l'avait creusée avant le jugement.

j'avais fait trophée de ses dépouilles, que je m'étais paré de sa montre, que je me plaisais à la faire voir.

Je vais répondre à ces perfides imputations, et j'y répondrai en interrogeant mes propres accusateurs. A quelle époque, dans quel mois, à quel jour a eu lieu le jugement de M. le duc d'Enghien ? En 1804, au mois de mars, le 21 de ce mois. A quelle heure a eu lieu l'exécution de ce fatal jugement ? A six heures du matin ; le fait est attesté par des pièces irrécusables. A quelle heure le soleil se lève-t-il dans cette saison ? A six heures. Eh bien ! fallait-il, à l'heure où se lève le soleil, en plein air, fallait-il une lanterne pour voir un homme à six pas (ce n'est pas que le soleil fût clair et serein ; comme il était tombé toute la nuit une pluie fine, il restait encore un brouillard humide qui retardait son apparition) ? De plus, m'a-t-on vu dans le fossé ? était-ce ma place ? étais-je ailleurs qu'en tête des troupes, sur l'esplanade où se trouve aujourd'hui le polygone de l'artillerie ?

Pouvais-je, quand le Prince a été frappé, prendre ma part de ses dépouilles, m'emparer de sa montre ou de tout autre objet ? A-t-on jamais imputé une pareille indignité à un officier supérieur ? La pensée pouvait-elle seulement m'en venir ? Mais voici un fait qui répond à tout ce que je dois citer, plus encore pour l'honneur des gendarmes que pour le mien : on a exhumé le corps du duc d'Enghien, on en a dressé procès-verbal, et ce procès-verbal constate que l'on a retrouvé les débris de sa montre et les breloques de la chaîne ; ainsi, loin que quelqu'un se soit souillé d'une mauvaise action, les gendarmes du piquet n'ont fait que leur devoir.

Que répondre à de pareils faits ? Mais voici de nouveaux détails. Arrivé à Vincennes, le duc d'Enghien fut confié à la garde d'un officier de gendarmerie d'élite, nommé M. *Noirot;* ce militaire avait servi autrefois au régiment *Royal-Navarre*, cavalerie, dont le colonel était alors M. le comte de Crussol, chez lequel M. le duc d'Enghien était allé quelquefois. Dans la conversation, M. Noirot raconta au Prince quelques circonstances qui lui étaient particulières ; il en résulta de la part du Prince une grande confiance en lui; il le pria de ne pas le quitter; et prêt à mourir, il le chargea de remettre à madame de R... R. des bagues et d'autres marques de tendresse. Cet officier vint le lendemain me consulter, et demanda ma permission : il était bien sûr de l'obtenir.

M. Noirot vit encore, je crois; il jouit de l'estime et de la considération de tous ceux qui le connaissent ; il peut dire si quelque main cruelle est venue attacher une lanterne sur la poitrine de M. le duc d'Enghien ; si quelqu'un lui a enlevé sa montre ou quelque autre partie de ses dépouilles. Il ne l'aurait pas souffert, ni lui ni les autres officiers présens à ce cruel moment.

Que n'a-t-on pas imaginé pour rendre odieux cet événement! On a dit que le Prince avait sollicité, à ses derniers momens, les secours de la religion, qu'on les lui avait refusés ; c'est une particularité dont je n'ai aucune connaissance. Qui que ce soit ne m'en a jamais parlé; mais si elle est vraie, ce n'est pas à moi que cette demande devait être adressée; je n'avais qualité ni pour accorder ni pour refuser.

Je le répète, que chacun prenne la part qui lui revient; j'ai dit quelle était la mienne. Si le Prince a invoqué les secours de la religion, on a dû les lui accorder. Je sais seulement qu'à cette époque les ecclésiastiques étaient encore fort rares, et qu'il eût été probablement impossible de trouver un prêtre à Vincennes ou aux environs.

J'ai vu à l'armée plusieurs des juges du duc d'Enghien, tous m'ont dit que ses aveux l'avaient perdu; que jamais ils n'auraient trouvé sans cela, dans les pièces qu'on leur avait remises, des moyens suffisans pour le condamner.

Le capitaine-rapporteur m'a écrit plusieurs fois depuis : « Pût-il dépendre de moi de me trouver à » cent batailles, et jamais à un jugement! »

J'ai commandé les troupes dont la présence avait été jugée nécessaire à Vincennes. C'est un piquet de ce corps qui a été chargé de l'exécution du jugement; voilà tout ce qu'on peut dire contre lui et contre moi. Que ceux qui veulent m'imputer cela à crime me disent de quels moyens je pouvais disposer pour sauver M. le duc d'Enghien ; c'est-à-dire qu'en admettant que j'eusse eu cette pensée, il eût fallu faire révolter les troupes, et les tourner contre leur devoir, et, suivant toute probabilité, me faire fusiller moi-même sans avoir sauvé le duc d'Enghien. J'en appelle à tous les militaires de tous les pays.

Mais ce piquet a-t-il agi sans en être requis? La sentence n'avait-elle pas été rendue par un tribunal? Était-ce à moi qu'il appartenait d'examiner l'incompétence du tribunal et la validité de la sentence?

Les commissions militaires sont des tribunaux avoués par les lois. Il n'est pas en Europe un seul gouvernement qui ne fit punir exemplairement un officier qui se constituerait juge des juges. La responsabilité n'atteint jamais celui qui exécute, mais celui qui ordonne. J'ai fait tout ce qu'aurait fait tout autre officier placé dans les mêmes circonstances.

N'avons-nous pas vu, en 1815, le maréchal Moncey mis comme prisonnier au château de Ham, pour avoir refusé de présider le conseil de guerre par lequel on voulait juger le maréchal Ney?

Lorsqu'un jugement capital frappa le maréchal Ney, si le gouverneur de Paris eût refusé de fournir le piquet pour l'exécution du jugement, n'aurait-il pas encouru lui-même la peine prescrite par les lois?

Le maréchal Ney avait de nombreux partisans

dans l'armée, et cependant qui que ce soit n'a jamais fait à ce sujet le moindre reproche à M. le vicomte de Rochechouart.

Ne nous écartons pas des principes; car le jour où la force armée délibérera, c'en est fait de la sûreté des États.

Après l'exécution du jugement, je renvoyai les troupes dans leurs casernes et leurs cantonnemens respectifs. Moi-même je repris le chemin de Paris. J'approchais de la barrière, lorsque je rencontrai M. Réal qui se rendait à Vincennes, en costume de conseiller d'État.

Je l'arrêtai pour lui demander où il allait. « A Vin-
» cennes, me répondit-il; j'ai reçu hier au soir
» l'ordre de m'y transporter pour interroger le
» duc d'Enghien. »

Je lui racontai ce qui venait de se passer, et il me parut aussi étonné de ce que je lui disais, que je le paraissais de ce qu'il m'avait dit.

Je commençai à rêver; la rencontre du ministre des relations extérieures chez le général Murat me revint à l'esprit; je commençai à douter que la mort du duc d'Enghien fût l'ouvrage du premier consul.

M. Réal retourna à Paris, et moi j'allai à la Malmaison rendre compte au premier consul de ce que j'avais vu : j'arrivai à onze heures (1).

---

(1) Je crois qu'après l'exécution, j'ai écrit au premier consul que j'irais à la Malmaison pour lui rendre compte de ce que

Le premier consul ne pouvait concevoir que l'on eût jugé avant l'arrivée du conseiller Réal; il me fixait avec ses yeux de lynx, et répétait:

« Il y a là quelque chose que je ne comprends
» pas. Que la commission ait prononcé sur l'aveu
» du duc d'Enghien, cela ne me surprend pas;
» mais enfin on n'a eu cet aveu qu'en commençant
» le jugement, et il ne devait avoir lieu qu'après
» que M. Réal l'aurait interrogé sur un point qu'il
» importait d'éclaircir. » Et il me répétait encore : « Il y a là quelque chose qui me passe; voilà
» un crime qui ne mène à rien, et qui ne tend
» qu'à me rendre odieux. »

En effet, dès que la nouvelle de ce qui venait de se passer fût répandue à Paris, il n'y eut qu'un cri d'improbation. On qualifia ce jugement d'assassinat; les plus modérés disaient : « Mais à quoi
» bon, pour la puissance du premier consul,
» faire périr un innocent? » Chaque jour l'opinion le manifestait plus ouvertement.

Le gouvernement se contenta de publier dans le *Moniteur* la sentence de la commission militaire. Il s'abstint de toute autre explication, soit qu'il le fît par fierté, soit que, prêt à faire la guerre, il craignît d'apprendre à l'Europe que tous les germes de discorde n'étaient pas encore étouffés en France, et qu'ils pouvaient encore

---

j'avais vu, et c'est la rencontre de M. Réal qui me décida à y courir de suite, sans m'arrêter chez moi, à Paris.

fournir à des esprits actifs les moyens de tourmenter l'intérieur. J'ai lieu de croire que ce motif prévalut; mais le silence était une faute, parce que la malveillance s'en fit un prétexte, et nuisit plus au gouvernement que toutes les conséquences de la publicité.

Moi-même j'ai long-temps partagé l'opinion générale. Ce ne fut qu'en 1810 qu'étant ministre, je priai M. Réal de m'expliquer cette énigme dont je n'avais pu jusqu'alors découvrir le mot. Il me déroula alors tout le tissu de cette affaire, en m'expliquant comment, en suivant l'instruction de ce procès, on avait quitté la trace de Georges, pour courir sur celle du duc d'Enghien qui n'était nommé par personne.

Ce fut lui qui m'apprit ce que j'ai déjà raconté des dépositions des deux subordonnés de Georges. Ce fut lui qui me parla de l'inconnu qui se rendait mystérieusement chez Georges, du respect qu'on lui portait, des conjectures que l'on forma à ce sujet, et de la résolution qu'on prit d'enlever le duc d'Enghien. On voulait le confronter avec les agens de Georges, et s'assurer qu'il était réellement le personnage qui se rendait chez ce chef de conjuration. Ce ne devait être que dans le cas où il aurait été reconnu qu'il devait être jugé. M. Réal lui-même soupçonnait une intrigue, et se montrait disposé à croire qu'on n'avait hâté la catastrophe que pour empêcher que la vérité ne fût connue.

« On ne songeait point, me dit-il, au général

» Pichegru, lorsque l'on découvrit que le petit gé-
» néral boiteux qui avait accompagné le général
» Moreau au rendez-vous du boulevard, était le gé-
» néral Lajollais. On l'arrêta; on le confronta avec
» un des domestiques de Georges, qui le reconnut.
» Un mot qui lui échappa sur la maison où il était
» descendu servit à faire connaître la présence de
» Pichegru à Paris. On chercha aussitôt à se saisir
» de sa personne : cent mille francs promis à celui
» qui le livrerait eurent bientôt fait d'un ami un
» traître. Vingt jours s'étaient écoulés depuis
» son arrestation, lorsque le duc d'Enghien fut en-
» levé; il fallait quelque temps pour réunir des
» matériaux contre le général Pichegru dont il
» n'avait pas encore été question. Il fut d'abord
» interrogé seul; et comme il se renfermait dans
» un système de dénégation absolue, on prit le
» parti de le confronter successivement avec tous
» les individus compromis dans la même affaire.
» Ce fut dans une de ces confrontations qu'il fut
» reconnu pour le personnage mystérieux qui se
» rendait chez Georges tous les dix ou douze jours,
» et devant lequel tout le monde se tenait dans une
» attitude respectueuse. »

M. Réal, en apprenant ces particularités, fut frappé de stupeur; il courut chez le premier consul pour lui en faire part; il devint rêveur; et après quelques momens de silence il s'écria : « Ah! mal-
» heureux T...., que m'as-tu fait faire! »

Mais il était trop tard, le duc d'Enghien était

mort victime de cette méprise. Néanmoins on ordonna le secret; il était difficile de faire autrement.

On a prétendu que le premier consul s'était obstiné dans ce crime, malgré les larmes de l'impératrice Joséphine (alors madame Buonaparte); on a dit qu'elle s'était jetée à ses genoux pour obtenir la grâce du duc d'Enghien : tout cela a été imaginé pour le rendre odieux. Madame Buonaparte ne connaissait nullement le résultat du jugement de la commission militaire; elle n'a pu l'apprendre qu'à mon retour à la Malmaison, et alors il n'y avait pas de grâce à demander.

Il est possible que madame Buonaparte, instruite du danger qui menaçait le duc d'Enghien, ait d'avance cherché à fléchir son époux, et cette conjecture s'accorde facilement avec la bonté connue de son cœur. Mais je crois pouvoir dire que telle était dans ces sortes d'occasions sa persévérance pour faire de bonnes actions, qu'elle n'eût pas cessé ses instances avant d'avoir obtenu ce qu'elle sollicitait.

Quant au premier consul, en observant de sang-froid la part qu'il eut à ce tragique événement, on ne saurait se refuser à des considérations qui diminuent beaucoup l'odieux qu'on s'est efforcé de répandre sur lui.

Est-ce le premier consul qui, le premier, a porté ses pensées au-delà du Rhin, sur le malheureux duc d'Enghien? Non, il en connaissait à peine l'existence; il ignorait complètement le lieu de sa résidence.

Qui donc pouvait diriger ses vues de ce côté? Le ministre chargé des informations au-dehors, celui des relations extérieures.

Le premier consul a-t-il, pour connaître ce qui concernait le duc d'Enghien, employé des moyens particuliers à lui? Non, il n'a eu recours qu'aux seuls fonctionnaires publics chargés de la surveillance de tout ce qui intéresse la sûreté générale.

A-t-il tronqué, falsifié les pièces du procès, substitué quelque chose aux documens qui ont servi de base à l'acte d'accusation? Non, ils ont été remis en originaux à la commission militaire.

Si le premier consul eût été tourmenté de la pensée de se défaire du duc d'Enghien, avait-il besoin de l'enlever de sa résidence, de le faire venir à Paris, de préparer sa mort par l'appareil d'un jugement, de le livrer à une commission qui pouvait tromper son attente? Ne pouvait-il pas s'autoriser de ce qu'on faisait contre lui-même, pour recourir à des moyens plus prompts et plus sûrs? Manque-t-on de scélérats pour frapper le cœur d'un ennemi? et quand un homme est capable d'un assassinat, ira-t-il préférer le grand jour et s'entourer de témoins plutôt que de porter ses coups dans les ténèbres, et de se réserver le moyen de nier le crime ou de livrer le scélérat?

D'un autre côté, si l'on sépare le duc d'Enghien de la conspiration de Georges, de quelle importance sa vie était-elle pour le premier consul? Il n'était point l'héritier du trône; et dans aucun cas il ne pouvait y être appelé. Il fallait donc, pour fixer l'attention du premier consul, et le faire entrer dans les vues que l'on se proposait, le frapper par des considérations d'une autre nature; il fallait compromettre le duc d'Enghien en l'associant à la conspiration de Georges.

J'ai dit, et je suis convaincu que le premier consul ne songeait nullement au duc d'Enghien, qu'il ignorait et sa filiation et le lieu de sa résidence (1), et que les premières notions à ce sujet ne lui sont venues que par ces intrigans à qui rien ne coûte, lorsque l'apparence du dévouement peut leur rapporter quelque chose : et à cette époque, c'était à qui trouverait plus vite le chef véritable de la conspiration de Georges. Si le premier consul eût voulu perdre le duc d'Enghien le jour même où il venait

---

(1). Pendant le cours de mon administration, j'ai eu occasion d'entendre dire souvent qu'un baron d'Al.... n'avait pas été étranger à cette catastrophe, par les rapports officieux qu'il avait donnés alors au ministère des relations extérieures, qui probablement avait été sa dupe.

Ce M. d'Al...., étranger, né avec l'esprit remuant, trouvait son pays trop petit pour lui, et cherchait à s'attacher à la fortune de la France; le ministre se l'appropria en entier, et tellement qu'on fut obligé de le prendre *au service de France* pour qu'il trouvât une patrie. Si l'empereur, qui en était fort mécontent en 1813, n'en a point fait un exemple, c'est parce qu'il s'est rappelé ses antécédens avec sa politique d'alors.

d'arriver, il n'aurait pas donné l'ordre à M. Réal d'aller l'interroger; et c'est un fait incontestable qu'il l'avait donné. Loin d'avoir intérêt à précipiter la catastrophe, le premier consul avait, au contraire, un intérêt immense à ce qu'il vécût au moins huit jours. S'il eût été reconnu pour le personnage mystérieux qui se rendait chez Georges, nul doute que sa perte n'eût été certaine. L'envoi du conseiller d'État Réal à Vincennes prouve invinciblement que c'était par la vérification de ce fait que l'instruction devait commencer.

L'examen des papiers du Prince était encore un préalable indispensable; car il importait de savoir s'il y avait eu quelques rapports entre lui et les officiers des troupes restées sur le Rhin, et l'on pouvait avoir besoin à ce sujet des explications du Prince. Mais l'intrigue avait fait un autre calcul: on craignait que si M. le duc d'Enghien n'était pas reconnu pour le chef du parti, il n'échappât. Alors il aurait connu les circonstances et les auteurs de son enlèvement; les conséquences pouvaient en être fâcheuses; pour s'en garantir, et jouir en sécurité des fruits d'un zèle odieux, l'intrigue le précipita dans la fosse. Voilà ce qu'ont toujours pensé ceux qui, comme moi, ont été les témoins de ce malheureux procès. On s'est constamment dit qu'il fallait nécessairement que quelqu'un de considérable se fût interposé entre le premier consul et le gouverneur de Paris, pour déterminer celui-ci à agir promptement, et lui persuader que le premier consul n'avait pas voulu donner l'ordre précis de faire disparaître le duc d'Enghien, mais qu'il en serait bien aise quand la chose serait faite.

Pourquoi donc l'opinion a-t-elle dévié de cette route; pourquoi s'est-elle fixée sur des personnes étrangères, et par caractère et par position, à tous ces artifices de l'intrigue? Si le premier consul eût cru avoir besoin de moi dans cette affaire, s'il m'eût cru capable de seconder ses vues mieux qu'un autre, pourquoi ne me faisait-il pas nommer de la commission militaire? Je pouvais même la présider, puisque j'étais du même grade que l'officier supérieur chargé de cette fonction.

J'ai réfléchi mille fois aux circonstances de cette catastrophe, et je me suis confirmé de plus en plus que le ministre des relations extérieures était le seul qui pût expliquer comment et pourquoi la commission avait jugé et fait exécuter son jugement avant que M. Réal eût pu remplir la mission qui lui était confiée. Il est bon d'observer qu'aucun des juges ni le président lui-même ne se doutaient que M. Réal devait venir à Vincennes.

On m'a laissé calomnier à dessein dans des salons dont on formait le langage. Il est temps que chacun reste le père de ses œuvres. On a vu quelle a été ma part dans ce drame sanglant; je n'en veux pas d'autre, et je ne souffrirai pas que d'odieuses préventions pèsent sur ma tête, tandis que les vrais coupables se pavanent sous les hautes dignités dont ils sont revêtus.

Ici finit le récit que j'ai écrit à Malte en 1815, et je passe à l'examen des imputations qu'on pourrait déduire de la manière dont le *Mémorial de Sainte-Hélène* s'est énoncé au sujet de ce grand procès.

Je passe donc à l'article qui a suscité cette discussion. Si je nomme les individus, ce n'est ni par méchanceté ni par ressentiment. Je suis la route tracée par le *Mémorial*. L'auteur renvoie aux ouvrages de MM. O'Meara et Warden, pour les faits qu'il n'aurait pu, dit-il, que répéter, puisqu'ils sont puisés à la même source.

Le comte de Las-Cases n'a à se justifier de rien, et je ne suis pas aussi heureux que lui; mais simple rapporteur, je cite et n'accuse pas; et si je n'étais persuadé que la personne désignée par MM. O'Meara et Warden, a toutes sortes de moyens de se justifier, je ne répéterais même pas les assertions de ces deux auteurs, malgré l'autorité du témoignage qu'ils invoquent, et à laquelle M. de Las-Cases en ajoute une nouvelle, puisqu'il y renvoie. Je viens maintenant au récit de M. de Las-Cases, dans son *Mémorial de Saint-Hélène*.

« L'empereur, dit-il, avec nous, et dans l'inti-
» mité, disait que la faute *en dedans* pouvait être
» attribuée à *un excès de zèle autour de lui*, ou à
» *des vues privées*, ou enfin à des intrigues mys-
» térieuses. »

Examinons chacun de ces motifs séparément.

1°. *A un excès de zèle*. Ceci pourrait s'appliquer à plusieurs des personnes qui entouraient le premier consul, car alors il y avait beaucoup de zélés; mais ce zèle pouvait-il provenir de moi? Non, assurément, car j'étais absent depuis plus de deux mois, et il y avait à peine deux jours que j'étais arrivé, lorsque le duc d'Enghien fut amené à Paris. J'étais étranger à son enlèvement, à la résolution du conseil qui l'avait ordonné. Le jour même de son jugement, j'ignorais encore toutes les particularités qui le concernaient; ce n'est donc pas à l'excès de mon zèle que la maison de Condé peut imputer son malheur.

2°. *A des vues privées.* Ces vues privées, qui pouvaient-elles regarder? Ceux qui avaient intérêt à engager le premier consul assez avant dans les intérêts de la révolution, pour qu'il lui fût impossible de s'en détacher; ceux qui exerçaient autour du premier consul des fonctions purement civiles et administratives; car nous autres militaires, nous n'avions rien à démêler avec les combinaisons politiques, les calculs adroits et ténébreux, ni avec les ambitions de cabinet. Mes vues privées ne pouvaient avoir d'autre objet que de bien servir le chef de l'État, à la tête du corps dont il m'avait confié le commandement; il est rare qu'un militaire ait d'autres *vues privées* que celles-là. *Ces vues privées* dont parle l'empereur ne peuvent pas me regarder.

3°. Ou enfin à des *intrigues mystérieuses.* Cette phrase elle-même est un peu mystérieuse. Essayons d'en pénétrer le sens.

Quoique le premier consul dût son élévation à la

révolution; quoique dans l'origine de sa fortune guerrière il en eût affecté le langage et quelquefois les principes, on savait néanmoins qu'il avait la démagogie en haine, qu'il détestait ces idées anarchiques de liberté et d'égalité, avec lesquelles il est impossible de constituer un État; il sentait le besoin de régulariser la révolution et d'en faire un pouvoir unique et fort, capable d'enchaîner et de faire taire les factions.

Les royalistes, toujours prêts à se flatter, se berçaient de l'espoir qu'un jour, peut-être, il s'arrangerait avec le roi légitime, et que si ses intérêts l'exigeaient, il pourrait remettre en ses mains le sceptre qu'il avait perdu. Quoique ces idées fussent tout-à-fait chimériques, elles ne laissaient pas que d'inquiéter certaines personnes. Une foule d'hommes frémissaient à la seule pensée du retour de la maison de Bourbon. On consentait à élever le premier consul au trône, mais on ne voulait pas qu'il pût jamais le céder à un autre; et pour lui en ôter la pensée, on voulait l'engager si avant dans la révolution, le compromettre si fortement avec la dynastie légitime, qu'il ne pût jamais y avoir de paix entre elle et lui. On ne voyait pas de moyen plus propre à cimenter cette alliance entre la révolution et lui, que le sang d'un Bourbon. Il fallut donc tourner ses regards vers le duc d'Enghien, le seul que l'on pût atteindre, le lui présenter comme un coupable, et le mettre sous sa main. Mais le premier consul, en consentant à toutes ces propositions, voulait que l'on observât des formes; que la culpabilité du duc d'Enghien fût démontrée; car si ce prince succombait dans cette malheureuse affaire, le premier consul pouvait au moins se justifier aux yeux de l'Europe; mais il pouvait arriver aussi que le prince se justifiât, et cette chance n'aurait pas satisfait ceux qui avaient noué *des intrigues mystérieuses*. Il fallait donc précipiter la catastrophe, et se mettre en garde contre ces principes de justice qui pouvaient sauver la victime. Il n'est guère d'autre moyen d'expliquer la phrase du premier consul. Ce qu'il me dit en apprenant les circonstances de la mort du duc d'Enghien, la surprise qu'il en témoigna à M. Réal, et cette parole mémorable : *Malheureux T......, que m'as-tu fait faire!* tout cela me semble résoudre suffisamment l'énigme; et dans cette explication, il n'y a pas un mot qui puisse s'appliquer à moi.

Je l'ai déjà dit, je n'avais rien à démêler avec la révolution; j'avais alors vingt-huit ans; je n'avais aucun besoin d'associer le premier consul aux intérêts révolutionnaires; il lui convenait mieux qu'on les haït que de les aimer; mais d'autres personnes qui entouraient le premier consul (et l'entourage était grand) n'étaient pas dans une si heureuse position.

Continuons le récit de M. de Las-Cases :

« L'empereur disait qu'il avait été poussé *ino-*
» *pinément :* on avait, pour ainsi dire, *surpris ses*

» *idées, précipité ses mesures, enchaîné ses ré-*
» *sultats.* »

Ces mots sont assez vagues, et n'expriment pas d'idées précises; mais prenons-les tels qu'on nous les donne. Ce n'est pas moi qui ai pu *surprendre les idées du premier consul,* puisque je n'étais pas à Paris quand il fut décidé qu'on enlèverait le duc d'Enghien; puisqu'il y avait à peine deux jours que j'étais arrivé lorsqu'il fut amené et jugé à Paris.

Ce n'est pas moi *qui ai précipité ses mesures;* car je n'entrais pas alors dans son conseil privé; je n'appartenais pas encore à son ministère; je n'étais pas membre de la commission militaire, je ne conseillais pas, je ne commandais pas, j'obéissais.

Enchaîné ses résultats. Je ne pouvais rien enchaîner, rien contrarier; je n'étais pas initié aux vues du premier consul; je n'avais aucun intérêt à m'en écarter; je n'étais pas, comme je l'ai dit, une créature des principes révolutionnaires : aucun remords, aucun souvenir, aucune crainte ne pouvaient me troubler. Ainsi, jusqu'à présent, je ne trouve rien, dans le récit M. de Las-Cases, qui puisse s'appliquer à moi. Voyons si la suite est de nature à me compromettre davantage.

« Tout avait été prévu d'avance, continue l'em-
» pereur, *les pièces se trouvèrent toutes prêtes; il*
» *n'y avait plus qu'à signer.* »

Il n'y avait plus qu'à signer! Et qui donc avait disposé les pièces d'avance? Qui donc avait tout prévu? Était-ce moi, colonel de cavalerie, absent depuis deux mois? Avais-je quelque chose de commun avec des délibérations de conseil, des pièces d'administration? Avais-je, dans cette affaire, quelque chose à présenter à la signature du premier consul? Assurément ces fonctions regardaient d'autres que moi.

Mais voici quelque chose de plus décisif encore. L'empereur, après avoir parlé des motifs qu'on lui a supposés, les repousse et dit : « *Ces motifs* » *ont pu exister peut-être dans l'esprit et pour les* » *vues particulières* des acteurs subalternes qui » concoururent *à cet événement.* De ma part, il n'y » eut que la nature du fait en lui-même, et l'é- » nergie de mon naturel. » Il ajoute ensuite : « As- » surément, si j'eusse été instruit à temps de cer- » taines particularités concernant les opinions et » le naturel du prince; *si surtout j'avais vu la let-* » *tre qu'il m'écrivit, et qu'on ne me remit (Dieu* » *sait par quel motif!) qu'après qu'il n'était plus,* » bien certainement j'eusse pardonné. »

Ce passage offre deux parties bien distinctes; l'une un peu ambiguë, sur les motifs que le premier consul impute aux acteurs subalternes qui concoururent à cette catastrophe; l'autre bien claire, sur la lettre écrite par le duc d'Enghien, et gardée par quelqu'un.

Je crois avoir expliqué suffisamment les motifs

4

des acteurs subalternes. Ils se trouvent naturellement dans l'intérêt qu'ils avaient à faire donner au premier consul des gages à la révolution. Ce sens est le seul qu'on puisse prêter aux paroles du premier consul.

Mais cette lettre, cette lettre qu'on n'a remise au premier consul qu'après la mort du duc d'Enghein, à qui a-t-elle été adressée? Serait-ce à moi par l'intermédiaire de l'officier de gendarmerie dont j'ai déjà parlé? Ici j'ai besoin d'autres preuves que de simples dénégations; il me faut plus que des raisonnemens; il me faut des faits; je vais les produire. Je déclare d'abord n'avoir entendu parler de cette lettre que par le *Mémorial de Sainte-Hélène*.

1°. Je n'ai point approché du duc d'Enghien, je n'ai eu aucune relation avec lui; je suis resté, pendant et après la délibération de la commission militaire, à la tête du corps que je commandais; c'est un fait public, incontestable; j'ignore si M. le duc d'Enghien a obtenu la permission d'écrire à Vincennes avant ou après son jugement; j'ai lieu de présumer que non; mais, dans tous les cas, j'adjure ici la véracité, l'honneur de M. Noirot : qu'il dise s'il a fait autre chose que de me consulter, que de me demander ma permission; qu'il dise s'il m'a remis le moindre papier. Je pourrais donc déjà, sur le simple témoignage de ce recommandable officier, affirmer que ce n'est pas à moi que cette lettre a été remise; mais voici des preuves plus précises, des argumens plus péremptoires que tout ce que je pourrais dire.

M. de Las-Cases, en faisant le récit de l'événement qui nous occupe, renvoie, pour les faits, à l'ouvrage du docteur O'Méara, à celui du docteur Warden; j'ai suivi ses indications, et voici ce que j'y trouve; je commence par l'ouvrage d'O'Méara.

« Je demandai à Napoléon s'il était vrai que T...
» eût gardé une lettre écrite par le duc d'Enghien,
» et qu'il ne l'eût remise que deux jours après son
» exécution. — C'est vrai, répondit Napoléon; le
» duc avait écrit une lettre dans laquelle il m'of-
» frait ses services, et me demandait le comman-
» dement d'une armée; et ce scélérat de T.... ne
» m'en donna connaissance que deux jours après
» que le prince eut été mis à mort. » (Tome Ier, page 321.)

Je passe à la page 430, et je lis :

« Le duc d'Enghien se comporta devant le tri-
» bunal avec une grande bravoure. A son arrivée
» à Strasbourg, il m'écrivit une lettre; cette lettre
» fut remise à T....., qui la garda jusqu'à l'exé-
» cution. »

Ce passage contient deux faits remarquables; la lettre a été écrite, non à Vincennes, mais à Strasbourg. Elle a été adressée, non à moi, mais à un personnage dont le nom commence par un T.... Or, le mien commençait alors par un S. Ce n'est donc pas à moi qu'elle a été remise, ce n'est donc pas moi qui l'ai interceptée. En effet, à qui le duc d'Enghien, arrivé à Strasbourg, devait-il s'adresser pour faire remettre sa lettre au premier consul? Était-ce à moi qu'il ne connaissait pas, ou à M. de T...., ministre des affaires étrangères, portant un grand nom monarchique, et connu en Europe? Mais peut-être le docteur O'Méara s'est-il trompé.

Consultons donc une autre autorité. Me voici avec le recueil des pièces authentiques sur le captif de Sainte-Hélène, écrites par les généraux Gourgault, Montholon et le docteur Warden, et je trouve, tome II, page 226:

« Mon ministre représenta fortement qu'il fallait
» se saisir du duc d'Enghien, quoiqu'il fût sur un
» territoire neutre. Mais j'hésitais encore, et le
» prince de Bénévent m'apporta deux fois, pour
» que je le signasse, l'ordre de son arrestation. Ce
» ne fut cependant qu'après que je me fus con-
» vaincu de l'urgence d'un tel acte, que je me
» décidai à le signer. »

Ceci commence à s'éclaircir : *mon ministre;* je n'étais pas ministre, et j'étais absent ; *le prince de Bénévent;* le prince de Bénévent est assez connu pour que je n'aie pas besoin de dire que ce n'est pas moi; tout ce paragraphe ne saurait donc me regarder.

Je ne saurais donc être le coupable désigné dans cet écrit. Si celui qu'on y désigne est victime d'une noire calomnie, il se pourvoira sans doute contre le calomniateur. Quant à moi, je ne suis ici que simple rapporteur; j'ai cité mes autorités : c'est un devoir que ma position m'impose. J'avais à cœur de démontrer que l'on n'a jamais pu m'imputer la catastrophe de M. le duc d'Enghien ; et j'attache du prix à prouver que jamais mon nom n'a été prononcé par l'empereur dans les conversations confidentielles qu'il a eues à ce sujet.

Quels que soient les monumens historiques que je consulte, je vois des noms indiqués uniformément, et ces noms ne sont pas les miens ; ni la *Revue chronologique de l'histoire de France pendant la révolution*, ni le *Correspondant de Hambourg*, ni le *Courrier de Leyde*, qui que ce soit ne me nomme : et cependant en France on n'a cessé de me corder autour de cet événement.

« Le ministre des relations extérieures, Talley-
» rand, dit la *Revue chronologique*, a fait con-
» naître cette arrestation au ministre de l'électeur
» de Bade, par une lettre en date du 11. » (Voyez le *Correspondant de Hambourg*, le *Courrier de Leyde*.)

« Le premier consul, dit le ministre français, a
» cru devoir donner à des détachemens l'ordre de
» se rendre à Offenbourg et à Ettenheim, pour y
» saisir les instigateurs des conspirations inouïes
» qui, par leur nature, mettent hors du droit des
» gens tous ceux qui, manifestement, y ont pris
» part. »

J'ai délibéré long-temps avant d'exposer au grand jour cette partie de mes Mémoires ; je sentais que je ne pouvais me laver pleinement qu'en imprimant à d'autres les taches dont on a voulu me flétrir; et cette nécessité, toute légitime qu'elle est, répugnait à mon caractère. Il fallait une provocation décidée pour me faire rompre le silence, et cesser de me reposer dans le témoignage de ma conscience.

Mais enfin, puisque le *Mémorial de Sainte-Hélène* n'a rien éclairci, puisque l'auteur de cet écrit a cru devoir couvrir la vérité d'un voile officieux et laisser les choses dans l'état où elles étaient précédemment, puisqu'à l'occasion de ce *Mémorial* on a rappelé publiquement les rumeurs mensongères dont on n'a cessé de m'assiéger, pourquoi aurais-je tardé encore à m'expliquer? Quels ménagemens, quels égards dois-je à ceux qui n'en ont jamais eu pour moi? On a dénaturé avec intention toutes les circonstances de ce tragique événement pour lui donner le caractère d'un assassinat commis dans une caverne de voleurs.

Puissant comme je le suis devenu depuis, j'aurais pu me venger; j'ai mieux aimé respecter mon caractère; et si aujourd'hui je lève sans ménagement le voile qui couvre cette scène d'horreur, c'est que, fatigué de me voir constamment accusé, il ne m'a plus été possible ni permis de me taire.

Je devais à ma famille, à mes compatriotes et à mes amis, cette publication; je tenais à leur démontrer que ce n'était pas par des crimes que je m'étais élevé; et que si mon étoile avait été pour quelque chose dans ma carrière, la plus grande grâce que j'ai à lui rendre, c'est de m'avoir conduit comme acteur à cent combats, et pas encore à un seul jugement.

Maintenant, après avoir épuisé tout ce que j'avais à dire à ce sujet, je n'en parlerai plus. Que chacun établisse ses conjectures à son gré : il sera toujours vrai que l'on ne pourra pas en conclure que si, au lieu d'avoir été moi-même l'auteur de ma fortune, j'avais reçu avec le jour les avances d'une grande illustration, on ne m'aurait pas vu la souiller pendant tout le cours de ma vie. Je ne donnerai plus d'explication sur cette matière; je ne pourrais d'ailleurs que renvoyer à ce que j'ai dit.

L'on m'a dépeint à la Famille royale comme un homme indigne de la servir, et il est peu de personnes autour d'elle qui n'aient entendu mettre mon nom à côté d'un crime. On lui a peut-être dit que c'était moi qui avais proposé à l'empereur d'en finir à un million par tête. Que cette proposition soit vraie ou fausse, le monde en est imbu. Est-ce dans un but privé que le soi-disant capitaine Bouchez a disparu dans la réaction de juillet 1815? J'ai connu ce malheureux; il est venu me demander des secours. Autrefois, lorsqu'on l'avait renvoyé, il m'a parlé de choses que j'avais regardées comme autant de calomnies, jusqu'à ce que les publications de Sainte-Hélène vinssent me les rappeler. Etait-ce pour être aussi assuré de mon secret que de celui de Bouchez, que l'on me mettait sur une liste de proscription en 1815, et que l'on ne cessait de demander mon extradition au gouvernement anglais? Que serait-il arrivé s'il l'eût accordée?

DISCUSSION

DES

ACTES DE LA COMMISSION MILITAIRE

INSTITUÉE, EN L'AN XII, PAR LE GOUVERNEMENT CONSULAIRE,
POUR JUGER LE DUC D'ENGHIEN;

Par l'auteur de l'opuscule intitulé : DE LA LIBRE DÉFENSE DES ACCUSÉS.

AVANT-PROPOS.

Je n'avais que vingt ans lorsque la nouvelle de la mort du duc d'Enghien se répandit dans Paris. Cet événement fit sur moi une profonde impression. Je supposais le jugement régulier; et je n'en plaignais pas moins, sans la connaître, le sort de la victime.

Quelques années plus tard (en 1809), ayant composé un petit ouvrage, intitulé *Précis historique du Droit romain*, à une époque où le despotisme tout développé du nouvel empereur offrait plus d'un rapprochement avec les maîtres de l'ancienne Rome, le souvenir du duc d'Enghien s'offrit à ma pensée; et, comme j'en étais au successeur d'Auguste, je disais de lui : « Il usa d'abord » de politique et de ménagemens; et, tant qu'il

» put craindre Germanicus, incertain de son pou-
» voir (*ambiguus imperandi*), il ne fit aucune loi
» sans consulter le Sénat, ou sans se couvrir du voile
» de la puissance tribunitienne; *mais, dès qu'il*
» *eut souillé ses mains du sang de ce jeune prince,*
» *que ses vertus, ses rares qualités et l'amour des*
» *Romains lui rendaient redoutable, il devint tout*
» *autre....* Sa devise était: Qu'on me haïsse pourvu
» qu'on me craigne : *oderint, dum metuant.* » —
On ne voulut pas s'y méprendre; je fus mandé à
la police, et l'on me prouva sans réplique que Germanicus était là pour le duc d'Enghien, et que le mal que je disais de l'Empereur romain retombait sur *l'Empereur des Français*. Mon livre fut saisi à domicile et chez l'imprimeur; l'édition fut supprimée, et, si je ne fus pas personnellement poursuivi, c'est qu'on en voulait alors plus aux livres qu'aux auteurs, et qu'on jugeait plus prudent d'étouffer la pensée sans bruit que de la traduire avec éclat devant les tribunaux.

Lorsque, depuis, les pièces même du procès me sont tombées sous les yeux, elles sont devenues pour moi l'objet d'une vive curiosité; et leur examen m'a suggéré les réflexions qu'on va lire.

Ce travail était resté dans mon porte-feuille; car chacun a le sien. Je ne l'avais communiqué qu'à un très-petit nombre de personnes (1), et je

---

(1) Il se trouve cité dans les *Annales du Barreau français* (moderne), tome V, p. 607.

n'aurais jamais pris sur moi de rappeler l'attention publique sur cet affligeant sujet, si d'autres n'eussent pris l'initiative.

Mais, puisque *la Catastrophe du duc d'Enghien* est redevenue l'objet de nouvelles discussions ; aujourd'hui que ces discussions sont d'autant plus de nature à égarer le public, que chacun parle ou écrit dans la supposition que les pièces du procès ont péri sans retour : je dois, puisqu'il est en mon pouvoir de faire connaître la vérité, la dire, sans autre intérêt que celui de la vérité même ; sans passion, sans esprit de parti, sans m'immiscer dans une querelle qui n'est pas la mienne ; mais toutefois en exprimant, comme tout homme juste doit le faire, mon aversion personnelle pour une action que la morale réprouve, qu'aucun motif, même politique, ne peut pallier ni justifier, et dont le récit ne doit passer à la postérité qu'avec les qualifications qui lui appartiennent.

On fera peut-être une objection ; l'on dira : Vous critiquez un jugement, vous méconnaissez l'autorité de la *chose jugée !* — N'en déplaise aux amis de toutes les choses ainsi jugées, ils n'ôteront ni à l'historien ni au jurisconsulte le droit de discuter de pareils actes. Jamais, non jamais le caractère auguste de la chose véritablement jugée, qui est d'être réputée *la vérité même*, ne s'appliquera à une condamnation politique dont l'injustice et l'illégalité seront aussi rigoureusement démontrées : en pareille matière, *celui qui juge à son tour est jugé*.

DISCUSSION

DES

ACTES DE LA COMMISSION MILITAIRE

INSTITUÉE EN L'AN XII, PAR LE GOUVERNEMENT CONSULAIRE, POUR JUGER LE DUC D'ENGHIEN.

La mort de l'infortuné duc d'Enghien est un des événemens qui ont le plus affligé la nation française : il a déshonoré le gouvernement consulaire.

Un jeune prince, à la fleur de l'âge, surpris par trahison sur un sol étranger, où il dormait en paix sous la protection du droit des gens; entraîné violemment vers la France, traduit devant de prétendus juges qui, en aucun cas, ne pouvaient être les siens; accusé de crimes imaginaires; privé du secours d'un défenseur; interrogé et condamné à huis-clos; mis à mort de nuit dans les fossés d'un château-fort servant de prison d'État : tant de vertus méconnues, de si chères espérances détruites, feront à jamais de cette catastrophe un des actes les plus révoltans auxquels ait pu s'abandonner un gouvernement absolu !

Le simulacre des formes judiciaires, alors même qu'elles auraient été ponctuellement observées, n'ôterait rien au jugement en lui-même de son effroyable iniquité : des lois, si les lois de cette époque avaient pu autoriser une telle condamnation, laisseraient encore au législateur la honte de les avoir portées : des juges, s'ils avaient eu réellement le pouvoir de prononcer, n'en seraient pas moins livrés au remords éternel d'avoir sacrifié l'innocent!....

Mais si aucune forme n'a été respectée ; mais si les juges étaient incompétens ; mais s'ils n'ont pas même pris la peine de relater dans leur arrêt la date et le texte des lois sur lesquelles ils prétendaient appuyer cette cruelle condamnation ; si le malheureux duc d'Enghien a été fusillé en vertu d'une sentence *signée en blanc*.... et qui n'a été régularisée qu'après coup ! alors ce n'est plus seulement l'innocence victime d'une erreur judiciaire ; la chose reste avec son véritable nom ; c'est un odieux assassinat.

Une telle assertion aurait-elle besoin d'être démontrée ? Ah! sans doute, la gloire du duc d'Enghien n'en a pas besoin ! Mais la France qui a déploré la perte de ce jeune héros ; la France qui voyait en lui le digne héritier de ce beau nom de Condé qui valut tant de gloire à nos armes ; la France éprouvera quelque consolation, en apprenant que la mort du duc d'Enghien fut le crime de quelques hommes, et non le crime des lois. Les Français y trouveront de nouveaux motifs pour se réjouir de l'abolition du gouvernement militaire ; pour respecter et chérir davantage les institutions qui, sous la monarchie constitutionnelle, garantissent l'honneur, la liberté, la vie de tous les citoyens.

§ Ier.

Illégalité de l'arrestation du duc d'Enghien.

Le duc d'Enghien raconte ainsi les circonstances de son arrestation dans un *journal écrit par lui-même*, dont copie est restée aux pièces, et dont la lecture intéresse surtout par sa simplicité.

« Le jeudi 15 mars, à Ettenheim, ma maison cernée
» par un détachement de dragons et des piquets
» de gendarmerie, total deux cents hommes en-
» viron, deux généraux, le colonel de dragons,
» le colonel Charlot de la gendarmerie de Stras-
» bourg, à cinq heures (du matin). — A cinq
» heures et demie, les portes enfoncées, emmené
» au moulin près la tuilerie. — Mes papiers en-
» levés, cachetés. — Conduit dans une charrette
» entre deux haies de fusiliers, jusqu'au Rhin.
» — Embarqué pour Rheinau. Débarqué et mar-
» ché à pied jusqu'à Pfofsheim. — Déjeuner à
» l'auberge. Monté en voiture avec le colonel
» Charlot, le maréchal-des-logis de la gendar-
» merie, un gendarme sur le siége et Grunstein.
» — Arrivé à Strasbourg, chez le colonel Charlot,
» vers cinq heures et demie. Transféré une demi-
» heure après, dans un fiacre, à la citadelle... »

La loi du 28 mars 1793, art. 74, et celle du 25 brumaire an III, tit. 5, sect. 1, art. 7, voulaient que les émigrés qui, ayant porté les armes contre la France, seraient arrêtés, *soit en France, soit en pays ennemi ou conquis, fussent jugés dans les vingt-quatre heures par une commission de cinq membres* (1), *nommée par le chef de l'état-major de la division de l'armée dans l'étendue de laquelle ils auraient été saisis.*

La loi du 19 fructidor an V avait étendu cette mesure à tous les émigrés, sans distinction, qui seraient *arrêtés dans le territoire de la république :* seulement elle voulait, article 17, que la commission militaire fût, à leur égard, composée de sept membres nommés par le général commandant la division dans l'étendue de laquelle leur arrestation aurait eu lieu.

Mais, à ce sujet, il y a trois remarques à faire.

Premièrement, le duc d'Enghien ne pouvait pas être rangé parmi les simples *émigrés*. En sa qualité de *prince* français, il était dans une classe à part. On appelait *émigrés*, dans la législation, ceux qui n'étaient absens que par leur volonté, et qui, dès-lors, pouvaient rentrer en obtenant leur radiation. Mais les Bourbons n'avaient pas cette faculté : un insolent décret avait déclaré *ne plus reconnaître de princes français*, et les avait *bannis à perpétuité* du territoire.

---

(1) Ce nombre a depuis été porté à sept par d'autres lois.

Secondement, à l'époque où le duc d'Enghien fut capturé, il y avait déjà près de deux ans que le sénatus-consulte de l'an X avait été promulgué, et que des mesures plus humaines (couvertes du nom, si souvent trompeur d'*amnistie*) avaient mitigé la législation sur les émigrés. Les mœurs de la nation, qui avaient déposé la fureur révolutionnaire, et qui commençaient à reprendre leur douceur accoutumée, avaient même été plus loin ; et nous en trouvons la preuve dans les écrits d'un homme qui n'est pas suspect de faveur pour les émigrés. L'éditeur du Nouveau Répertoire de Jurisprudence, au mot *Commission*, sect. 1, § 5, n° 1er, après avoir rappelé les lois des 28 mars 1793, 25 brumaire an III, et 19 fructidor an V, s'exprime en ces termes : « Ces lois seraient encore,
» à la rigueur, applicables aux émigrés qui n'ont
» pas profité ou qui ont été exceptés de l'amnistie
» proclamée par le sénatus-consulte de l'an X; mais
» *le gouvernement se borne constamment à faire*
» *déporter du territoire français ceux d'entre eux*
» *qu'on y arrête.* » — Il avait donc renoncé au droit féroce de les égorger.

Troisièmement enfin, alors même qu'on aurait pu légalement appliquer au duc d'Enghien la qualification d'*émigré;* alors même encore que la législation sanguinaire portée contre les émigrés aurait été dans toute sa vigueur; au moins il est incontestable qu'elle ne pouvait être appliquée qu'à ceux d'entre eux qui seraient *arrêtés dans le territoire de la république*, comme le portait la loi du 19 fructidor an V; ou, si l'on veut remonter aux lois de 1793 et de l'an III, à ceux qui ayant porté les armes contre la France, seraient arrêtés, *soit en France, soit en pays ennemi ou conquis.*

Or, le duc d'Enghien n'avait pas été arrêté *en France;* il résidait en pays étranger. Ce pays n'était pas un pays *ennemi ou conquis.* Le château d'Ettenheim où fut assailli le duc d'Enghien, situé à quelques lieues de Strasbourg, sur la rive droite du Rhin, *appartenait à l'électeur de Bade, prince souverain.* La France était *en pleine paix* avec l'électeur. Le duc d'Enghien vivait à Ettenheim, depuis longtemps, dans une sécurité d'autant plus grande, que la cour électorale, soigneuse d'éviter tout prétexte de rupture avec son redoutable voisin, avait soumis au gouvernement consulaire la convenance du séjour du prince, avant de l'autoriser.

C'est donc contre la foi des traités, en contravention formelle du droit des gens qui proclame l'indépendance des souverainetés et l'inviolabilité des territoires (hors le cas de guerre loyalement déclarée), que le duc d'Enghien a été arrêté, et S. M. le roi de Prusse a eu raison de dire dans son manifeste du 9 octobre 1806 : « *L'indépendance du
» territoire allemand est violée, au milieu de la
» paix, d'une manière outrageante pour l'honneur
» de la nation.* Les Allemands n'ont pas vengé la
» mort du duc d'Enghien; mais jamais le souvenir
» de *ce forfait* ne s'effacera parmi eux. »

La conséquence est que la personne du duc d'Enghien n'était pas légalement entre les mains de ses ennemis : il n'était pas prisonnier de guerre, puisqu'il n'avait pas été pris les armes à la main, et qu'on était en pleine paix; il n'était pas prisonnier à titre civil, car l'extradition n'avait pas été demandée; c'était un emparement violent de sa personne, comparable aux captures que font les pirates de Tunis et d'Alger; une course de voleurs, *incursio latronum*. — Une pareille arrestation ne pouvait donc pas rendre celui qui en était l'objet, justiciable d'aucun tribunal français.

§ II.

Incompétence de la Commission militaire.

Cette commission fut réunie en vertu d'un arrêté du premier consul (du 29 ventose an XII), pour juger le duc d'Enghien, « prévenu d'avoir
» porté les armes contre la république, d'avoir
» été et d'être encore à la solde de l'Angleterre,
» de faire partie *des complots tramés par cette*
» *dernière puissance contre la sûreté intérieure et*
» *extérieure de la république.* » (Pièce n° 2.)

Un ordre signé le même jour par Murat, gouverneur de Paris (pièce n° 3), nomme les membres de la commission, et porte qu'elle se réunira sur-le-champ *pour juger* le « prévenu sur les
» charges énoncées dans l'arrêté du gouverne-
» ment. » (C'est l'arrêté qui précède.)

Plus tard, il paraîtra sans doute étrange que les *chefs de condamnation* ne soient pas les mêmes que les *chefs d'accusation :* mais, quant à présent, si l'on s'arrête au texte de l'arrêté de mise en prévention, on y voit que le duc d'Enghien est prévenu *de complots tramés contre la sûreté intérieure et extérieure de la république.*

Eh bien! jamais la connaissance de ces *complots* n'a été attribuée aux commissions militaires; elle a toujours été réservée aux tribunaux ordinaires.

Lors même que la commission militaire aurait

été compétente pour connaître des autres chefs de prévention; elle ne pouvait jamais, même sous le prétexte de connexité, connaître de l'accusation de complot contre la sûreté de l'État; elle aurait dû, dans tous les cas, se déclarer incompétente à cet égard. Ce point de jurisprudence a été reconnu et avoué par le *Ministre de la justice,* dans son rapport du 4 ventose an V, sur l'affaire Dunan, Brottier et de la Villeurnoy; rapport qui a été inséré au Bulletin des lois, 2ᵉ série, n° 1021, avec la sanction du Directoire.

Cette incompétence de la commission militaire, démontrée par le titre même de l'accusation, vicie d'avance tout jugement qu'elle aura pu rendre : car elle aura jugé sans pouvoir; et il n'y a pas de plus grand défaut. *Nullus major defectus, quàm potestatis.*

§ III.

Irrégularités dans l'instruction.

Le premier caractère de cette procédure infernale est que tout s'est fait *de nuit*.

« L'an douze de la république française, aujour-
» d'hui 29 ventose, *douze heures du soir*, moi,
» capitaine-major, etc., » porte l'interrogatoire
(pièce n° 4).

Ainsi, c'est à *minuit* que commence l'instruction!

Or, il est de règle générale qu'on ne doit procéder que de jour. « Justice et exécution d'icelle
» se doivent faire de *jour*, » dit Loysel dans ses *Opuscules*, page 155.

A minuit donc, le capitaine-rapporteur s'introduit dans la chambre *où se trouvait couché le duc d'Enghien :* on le réveille (1), on l'interroge.

« Quel grade occupiez-vous dans l'armée de
» Condé? — Commandant de l'avant-garde en
» 1796, répond le héros. — Et depuis? — Tou-
» jours à l'avant-garde. »

Ses autres réponses portent le même caractère de grandeur; une franchise sans rudesse, une modestie qui n'ôte rien à la fierté.

---

(1) C'est ainsi que le grand Condé dormait paisiblement la veille de la bataille de Rocroy.

Il n'a servi que sous les ordres de son grand-père.

Il n'est point à la solde de l'Angleterre; il a reçu de cette puissance un traitement provisoire; il le fallait bien; *je n'ai que cela pour vivre*, dit le descendant de vingt'rois!

Du reste, il n'a entretenu aucune correspondance, si ce n'est avec son grand-père et son père qu'il n'a même pas vu depuis 1795.

Jamais il n'a vu le général Pichegru; il n'a point eu de relations avec lui.

Pas davantage avec Dumouriez qu'il n'a jamais vu non plus.

Il soutient n'avoir entretenu, dans l'intérieur de la France, aucune correspondance du genre de celles qu'on lui impute.

L'interrogatoire est terminé par ces mots: « Avant
» de signer le présent procès-verbal, je fais, avec
» instance, la demande d'avoir une audience par-
» ticulière avec le premier consul. Mon nom, mon
» rang, ma façon de penser, et l'horreur de ma
» situation me font espérer qu'il ne se refusera pas
» à ma demande. »

Vain espoir! La grande ame du prince supposait de la magnanimité à ses ennemis!... D'autres résolutions étaient prises... D'autres ordres avaient été donnés...

L'interrogatoire est clos et signé par le duc, le capitaine-rapporteur et le greffier. Mais on y remarque l'omission de deux formalités substantielles:

1° Il n'est pas fait mention qu'il en ait été donné *lecture;* et cependant l'art. 17 de la loi du 13 brumaire an V (1) prescrit impérieusement cette formalité: « L'interrogatoire fini, il en sera *donné*
» *lecture* au prévenu, afin qu'il déclare si ses ré-
» ponses ont été fidèlement transcrites, si elles
» contiennent vérité, et s'il y persiste; auquel cas
» il signera, etc. » Ici, cette forme était d'autant plus essentielle, qu'il n'y avait contre le duc ni pièces ni témoins, et que les commissaires paraissent ne s'être décidés que sur des inductions tirées de cet interrogatoire.

2°. La même loi, article 19, porte encore ce qui suit : « Après avoir clos l'interrogatoire, le rap-
» porteur dira au prévenu de *faire choix d'un ami*
» *pour défenseur.* — Le prévenu aura *la faculté*
» *de choisir ce défenseur* dans toutes les classes de
» citoyens présens sur les lieux; s'il déclare qu'il
» ne peut faire ce choix, le rapporteur le fera pour
» lui. »

Ah ! sans doute le prince n'avait point d'*amis* parmi ceux qui l'entouraient; la cruelle déclaration lui en fut faite par un des fauteurs de cette horrible scène !......... Hélas ! que n'étions-nous

---

(1) La loi du 13 brumaire an V, qui règle la procédure qui doit être observée devant *les conseils de guerre*, a été déclarée applicable aux *commissions militaires.* Voyez l'ouvrage intitulé : *Guide des Juges militaires*, page 93, et l'Avis du conseil d'État du 7 ventose an XIII.

présens! que ne fut-il permis au prince de faire un appel au Barreau de Paris? Là, il eût trouvé des amis de son malheur, des défenseurs de son infortune; des soutiens de son bon droit; des avocats qui, comme leurs devanciers et leurs successeurs, se fussent montrés jaloux de l'honneur de déplaire au despotisme, et qui n'eussent pas craint de braver ses coups!......

Le duc était seul!......... mais ne parlons que de la loi : elle a été méconnue en ce point essentiel; l'avertissement qui, au moins pour la forme, eût dû être donné, ne l'a pas été : à défaut d'un défenseur choisi par le prince, on ne lui en a pas désigné un d'office; *il n'a pas été défendu!* Or, un accusé sans défenseur n'est plus qu'une victime abandonnée à l'erreur ou à la passion du juge; celui qui condamne un homme sans défense, cesse d'être armé du glaive de la loi, il ne tient plus qu'un poignard!

§ IV.

Vices du jugement.

L'interrogatoire a lieu le 29 ventose *à minuit*.

Le 30 ventose, *à deux heures du matin* (1), le duc d'Enghien est introduit devant la commission militaire. Quelle horrible précipitation!

La minute du jugement porte que le conseil est assemblé, « à l'effet de juger le ci-devant duc d'En-
» ghien sur les charges portées dans l'arrêté précité
» (celui du 29 ventose); » et conséquemment, sur l'accusation de *complots contre la sûreté de l'État*, accusation pour laquelle, ainsi qu'on l'a déjà démontré, la commission devait déclarer son incompétence absolue.

Le président fait amener le prévenu, et ordonne au capitaine-rapporteur de donner connaissance des pièces tant à charge qu'à décharge, *au nombre d'une* (c'est l'arrêté qui renvoyait devant la commission).

Cette assertion est mensongère quant aux pièces *à décharge :* il n'y en avait pas; on n'en a donc

---

(1) Voyez, pièce n. 5, la minute du jugement. On y lit : « Aujourd'hui, le 30 ventose an xii de la république, *deux* » *heures du matin....* » Ces mots *deux heures du matin* qui n'y ont été mis que parce qu'en effet il était cette heure-là, sont effacés sur la minute, sans avoir été remplacés par d'autre indication. *Litura tamen extat.*

pas donné lecture. C'était une vaine formule. On peut même dire qu'il n'y avait pas de pièces *à charge;* car la pièce *unique* qu'on ait lue, c'est-à-dire l'arrêté de renvoi, n'était *ni à charge ni à décharge;* c'était seulement un acte de procédure, un acte de simple instruction qui donnait la question, telle quelle, à juger d'après les charges ou les justifications qui seraient produites.

Pas un seul témoin n'a été produit ni entendu contre l'accusé.

Restait donc son interrogatoire; mais cet interrogatoire, en le supposant régulier, eût-il d'ailleurs renfermé l'aveu le plus formel de tous les faits de l'accusation, ne pouvait jamais suffire seul et par lui-même, pour établir contre l'accusé une preuve de culpabilité capable de motiver une condamnation, et surtout une condamnation capitale! C'est une maxime constante parmi les criminalistes.

On n'a pas, lors du jugement, réparé l'omission faite, lors de l'interrogatoire, relativement au choix d'un conseil.

Enfin, quant au jugement même, en voici le prononcé, copié littéralement sur la minute. (Voyez pièce n° 5.) « La Commission, après avoir donné
» au prévenu lecture de ses déclarations, par
» l'organe de son président, et lui avoir demandé
» s'il avait quelque chose à ajouter dans ses moyens
» de défense, il a répondu n'avoir rien à dire de
» plus et y persister. — Le président fait retirer
» l'accusé. — Le conseil délibérant à *huis-clos*, le

» président a recueilli les voix, en commençant
» par le plus jeune en grade; le président ayant
» émis son opinion le dernier, l'*unanimité* des
» voix l'a déclaré coupable, et lui a appliqué l'ar-
» ticle...., de la loi du...., ainsi conçu.... (tout cela en
» blanc); et en conséquence l'a condamné à mort. »

Quelle monstruosité dans cette forme de prononcer! Jamais peut-être le mépris de toutes les formes ne fut poussé plus loin!

L'accusé est *déclaré coupable!* Coupable de quoi? le jugement ne le dit pas.

La loi précitée (du 13 brumaire an V) porte, article 30 : « Le président posera les questions ainsi
» qu'il suit : *N** accusé d'avoir commis tel délit,
» est-il coupable?* » — Or, dans le jugement que nous examinons, et dont j'ai vu, tenu et littéralement copié la minute originale, aucune question n'a été posée.

C'est un principe constant en matière pénale, que tout jugement qui prononce une peine, doit *contenir la citation de la loi en vertu de laquelle la peine est appliquée.*

En particulier, la loi du 3 brumaire an V dit, article 25 : « Le président fera apporter et déposer
» devant lui, sur le bureau, un *exemplaire de la
» loi* (1); le procès-verbal fera *mention* de cette
» formalité. »

―――――――――――――

(1) On conçoit aisément que le *Bulletin des Lois* n'était pas dans la bibliothèque du donjon de Vincennes.

L'article 35 dit encore : « Le président, après
» avoir rendu à haute voix et fait inscrire au procès-
» verbal la décision du conseil sur la culpabilité de
» l'accusé, *lira le texte de la loi*, et appliquera la
» peine prononcée par le conseil. »

Eh bien! ici aucune de ces formes n'a été remplie. Aucune mention n'atteste au procès-verbal que les commissaires aient eu sous les yeux *un exemplaire de la loi*; rien ne constate que le président en ait *lu le texte* avant que de l'appliquer. Loin de-là, le jugement dans sa forme matérielle offre la preuve que les commissaires ont condamné sans savoir ni la date ni la teneur de la loi; car ils ont *laissé en blanc*, dans la minute de la sentence, et la date de la loi...., et le numéro de l'article...., et la place destinée à recevoir son texte......

Et cependant, c'est sur la minute d'une sentence constituée dans cet état d'imperfection, que le plus noble sang a été versé par des bourreaux!

Mais poursuivons l'examen de ce triste monument d'ignorance et d'infamie.

La délibération doit être secrète, mais la prononciation du jugement doit être publique. — C'est encore la loi qui nous dit : « Les opinions ainsi
» recueillies, le président fera *rouvrir la porte* du
» conseil. » (Loi du 13 brumaire an V, art. 34.)
— Or, le jugement du 30 ventose dit bien : Le conseil *délibérant à huis-clos*, etc. Mais on n'y trouve pas la mention que l'on ait rouvert les portes; on n'y voit pas exprimé que le résultat de la

délibération ait été prononcé *en séance publique.*

Il le dirait, y pourrait-on croire? Une séance *publique* à deux heures du matin dans le donjon de Vincennes! lorsque toutes les issues du château étaient gardées par des gendarmes d'*élite!* Mais enfin, on n'a pas même pris la précaution de recourir au mensonge; le jugement est muet sur ce point.

Ce jugement est signé par le président et les six autres commissaires, y compris le rapporteur; mais il est à remarquer que la minute *n'est pas signée par le greffier* dont le concours cependant était nécessaire pour lui donner authenticité. « Le gref-
» fier (porte l'article 36 de la loi précitée) *écrira*
» *le jugement* motivé au pied du procès-verbal,
» qui sera ensuite clos et *signé de tous les membres*
» *du conseil,* du rapporteur *et dudit greffier.* »

Ainsi, d'un bout à l'autre, dans toutes ses parties, la sentence portée contre le duc d'Enghien offre la plus scandaleuse violation de toutes les formes! Ce n'est un jugement que de nom!

Et cependant elle est terminée par cette terrible formule : « Ordonne que le présent jugement sera
» exécuté DE SUITE à la diligence du capitaine-
» rapporteur. »

DE SUITE! mots désespérans! *de suite!* et une loi expresse, celle du 15 brumaire an VI, accordait le recours en révision contre tous les jugemens militaires! et la loi du 27 ventose an VIII permettait également de se pourvoir en cassation contre les jugemens militaires pour incompétence ou excès de pouvoir (1)!

Le décret du 17 messidor an XII, qui a décidé que les jugemens des commissions militaires spéciales ne pourraient être attaqués par recours à aucun autre tribunal, n'était pas encore en vigueur; et d'ailleurs, ce décret, dans sa sévérité même, ne disait pas que ces jugemens seraient exécutés *de suite;* mais « seront exécutés *dans les vingt-quatre heures* de leur prononciation. » Enfin, les juges n'ignoraient pas que le prisonnier avait, à la fin de son interrogatoire, demandé *avec instance* à parler au premier consul. Pourquoi donc ces mots inusités: Sera exécuté *de suite?*....

Il était deux heures du matin : le jour allait paraître; et le chef du gouvernement, sans l'ordre exprès duquel qui que ce soit n'aurait osé disposer d'un tel prisonnier, ne voulait pas que Paris, à son réveil, apprît qu'un prince de la maison de Bourbon respirait, si près de la capitale, dans le donjon de Vincennes !

---

(1) « S'il y avait un pourvoi de cette nature, nous pensons » qu'après le prononcé de la commission militaire, les » juges pourraient *suspendre l'exécution* du jugement et *attendre* que le tribunal suprême de l'empire ait rejeté ou admis » le pourvoi. » (*Le Guide des Juges militaires,* page 93.)

§ V.

Exécution.

Interrogé de nuit, jugé de nuit, le duc d'Enghien a été tué de nuit : le jour ne devait pas éclairer un crime aussi atroce !

Cet horrible sacrifice devait se consommer dans l'ombre afin qu'il fût dit que toutes les lois avaient été violées ; toutes, même celles qui prescrivent la publicité de l'exécution, comme une dernière garantie offerte au malheur contre l'illégalité et la barbarie des supplices (1).

Descendu dans le fossé, on voulut faire mettre le duc d'Enghien à genoux : — « Un Bourbon, répondit-il, ne fléchit le genou que devant Dieu. »

On lui refusa les secours de la religion.

Dans la *Biographie des contemporains*, ouvrage imprimé à Bruxelles en 1818, quoique rédigé dans un esprit entièrement favorable au bonapartisme, on lit ce qui suit à l'article *Enghien :* « La nuit
» étant très-obscure, on lui attacha une lanterne
» sur le cœur, afin de servir de point de mire aux
» soldats (2) ; on le jeta ensuite tout habillé dans

---

(1) Code pénal de 1791, art. 5 ; Code de brumaire an IV, art. 445 ; décret du 16 août 1793, qui, en posant une exception, consacre d'ailleurs le principe.

(2) Suivant une autre relation, le duc d'Enghien aurait pris lui-même cette lanterne et l'aurait tenue d'une main ferme

» une fosse qu'on avait creusée *la veille* pendant
» qu'il soupait. » — La fosse d'un accusé creusée avant le jugement ! voilà le procès du duc d'Enghien !

Du reste, *la Biographie des contemporains* a tort de dire que le prince fut fusillé par des soldats. « Il faut le dire pour la vérité de l'histoire : le
» crime fut consommé par des *gendarmes* D'É-
» LITE (1). »

---

jusqu'au moment de l'explosion; tous les rapports, au surplus, s'accordent en ce point, qu'il a fallu le secours d'une lanterne pour éclairer cette horrible exécution. La variété des dépositions vient de ce que tous les témoins n'étaient pas également à portée de bien distinguer dans l'obscurité.

(1) *Biographie universelle*, imprimée chez Michaud.

§ VI.

Suites.

La capitale apprit la mort du duc d'Enghien en même temps que son procès. L'impression fut terrible. Le premier consul lui-même en fut effrayé. Peut-être trouva-t-il que l'élite de ses serviteurs avait trop ponctuellement exécuté ses ordres! Mais enfin le coup était porté, le crime commis; il ne s'agissait plus que de le justifier, s'il était possible, aux yeux du peuple et du sénat.

C'est ainsi qu'autrefois Caracalla, après s'être souillé du meurtre de Gèta, voulut charger le jurisconsulte Papinien de légitimer ce parricide devant les sénateurs. Papinien s'y refusa, disant *qu'il n'est pas si facile d'excuser un crime que de le commettre :* et, comme le tyran insistait, Papinien répliqua : *C'est commettre un second parricide que d'accuser un innocent après l'avoir mis à mort.*

Les affidés du premier consul ne furent pas tous (1) aussi courageux que Papinien. On les vit

---

(1) La mort du duc d'Enghien éprouva cependant quelque contradiction; la voix publique a proclamé les instances de Joséphine, de Cambacérès, etc.; mais tout se taisait alors devant un *je le veux :*

Sic volo, sic jubeo, stet pro ratione voluntas.

empressés de seconder ses vues, et s'efforcer de *régulariser l'assassinat*, en donnant à la sentence qu'il s'agissait de publier des motifs et des formes qui pussent accréditer la condamnation.

Le conseiller d'État *spécialement chargé de l'instruction et de la suite de toutes les affaires relatives à la tranquillité et à la sûreté intérieure de la république*, écrivit le jour même, au président, pour le prier de lui transmettre le jugement rendu le matin contre le duc d'Enghien. (Voyez pièce n° 6.)

Le même jour, seconde lettre de ce même conseiller d'État, ainsi conçue : « J'attends le jugement » et les interrogatoires de l'ex-duc d'Enghien, » pour me rendre à la Malmaison auprès du pre- » mier consul. » (Pièce n° 7.)

Le lendemain, Murat (1) qui, de la *commission de Vincennes*, où il avait activé la condamnation du duc d'Enghien, s'était transporté à Paris pour y presser le jugement d'autres accusés traduits vers ce même temps devant le *tribunal criminel spécial de la Seine*; Murat, dis-je, écrivit de son côté au général qui avait présidé la commission : « Envoyez-moi, » je vous prie, mon cher Hulin, copie de l'inter- » rogatoire qu'on a fait au ci-devant duc d'En- » ghien. Il pourrait être *utile* au citoyen Thuriot. »

---

(1) Voyez la *Biographie universelle*, article *Enghien*. Quelques amis de Murat persistent cependant à soutenir qu'il n'était pas à Vincennes; je ne puis mieux faire que de placer leur réclamation à côté du livre qui m'a servi d'autorité.

Le citoyen Thuriot, qui à cette époque instruisait le procès de Pichegru et de ses compagnons!

Ainsi, c'est en vue de s'étayer dans un autre procès du jugement rendu contre le duc d'Enghien, et aussi afin de rendre ce jugement présentable aux yeux du public, qu'on paraît avoir préparé plus à loisir une nouvelle rédaction.

En effet, dans le dossier qui m'a été communiqué, et dont j'ai fidèlement copié toutes les pièces, indépendamment de la minute originale du jugement dont j'ai rendu compte sous le § IV, et qui seule est revêtue de la signature de tous les membres de la commission, sauf toutefois celle du greffier; se trouvait une autre feuille portant seulement la signature du président, du rapporteur, et qui, bien que qualifiée *copie* du jugement, offre une rédaction tout-à-fait différente de celle de la vraie minute signée de tous les membres.

Dans cette copie, ou plutôt dans ce second jugement refait après l'autre (1), le duc d'Enghien n'est plus seulement prévenu des chefs d'accusation énoncés dans l'arrêté consulaire du 29 ventose; mais il est accusé et déclaré atteint et convaincu de *six crimes* différens, parmi lesquels s'en trouve un dont la grande ame du duc d'Enghien était surtout inca-

---

(1) On ne supposera pas que la rédaction la plus parfaite a eu lieu la première, et que celle où la loi est restée en blanc a été la seconde. On ne recommence pas pour faire plus mal, mais parce qu'on reconnaît avoir mal fait.

pable, mais sur lequel on comptait le plus pour exciter l'indignation populaire, et colorer la condamnation : *d'être l'un des fauteurs et complices de la conspiration tramée par les Anglais* CONTRE LA VIE DU PREMIER CONSUL !

Si Bonaparte, écoutant des conseils plus généreux, avait cédé au vœu exprimé par le prince, et qu'il n'eût pas craint de rencontrer ses regards; s'il l'eût admis en sa présence, il se fût aisément convaincu que le descendant du grand Condé, disposé à le combattre sur les champs de bataille, était incapable de tremper dans un complot d'assassinat !

Dans la nouvelle rédaction du jugement, les lois sont visées et les blancs sont remplis : on dit même, vers la fin, qu'on a jugé en *séance publique;* mais il reste toujours, même dans cette seconde rédaction, une masse d'irrégularités qu'on n'a pas pu faire disparaître.

Ainsi dans ce nouveau jugement, comme dans le premier,

1°. Pas de témoins contre l'accusé; pas de pièces à charge; on s'empare seulement des réponses consignées dans un interrogatoire nul, puisqu'il ne constate pas que le prévenu en ait eu *lecture.*

2°. On juge sur cet interrogatoire, et l'on condamne le duc d'Enghien même sur des faits et des chefs qui, ne faisant pas la matière du renvoi devant la commission, n'ont pas fait non plus la matière de cet interrogatoire, et ne pouvaient pas, par la même raison, devenir la matière d'une condamnation.

3°. La commission, malgré la nouvelle rédaction, n'en demeurait pas moins *incompétente*, par les motifs déjà émis.

4°. Il restait toujours pour constant que l'accusé n'avait pas été assisté de conseil, ni averti d'en choisir un.

5°. Malgré la qualification de *séance publique*, insérée à la fin du nouveau jugement, il n'en est pas moins certain que l'instruction et le jugement ont eu lieu en trois heures de temps, la nuit, dans une prison au coin d'un bois, *sans public*, et par conséquent sans publicité.

6°. Enfin, la substitution tardive d'une seconde rédaction, en apparence plus régulière que la première (*bien qu'également injuste*), n'ôte rien à l'odieux d'avoir fait périr le duc d'Enghien sur un croquis de jugement, signé à la hâte, et qui n'avait pas encore reçu son complément.

Les dernières intentions de l'infortuné prince ont-elles du moins été remplies?.... Il avait laissé des *cheveux, un anneau d'or et une lettre....* avec recommandation que ces objets fussent remis à madame la princesse de Rohan.

Une lettre, jointe aux pièces du procès, atteste seulement que le général Hulin a envoyé ces tristes restes au conseiller d'Etat Réal. Que sont-ils devenus?.... (Pièce n° 9.)

Enfin, ce n'est que le 22 germinal que M. le ministre de la guerre accuse au général, président de la commission, réception de la *copie du jugement* rendu le 30 ventose, et si vivement réclamée, dès le lendemain, par Réal....; mais il avait fallu en combiner la rédaction. (Pièce n° 11.)

§ VII.

Réflexions générales.

Aucune grande injustice ne peut être commise qu'en foulant aux pieds les principes, les formes et les lois.

Aussi, le premier soin de tous les gouvernemens despotiques, de tous ceux qui veulent écraser qui leur nuit, opprimer qui leur déplaît, étouffer qui leur résiste, est de substituer l'arbitraire et la précipitation, au développement salutaire des formes dont la lenteur a surtout pour objet de laisser aux passions le temps de se calmer, et à la vérité les moyens de se faire entendre.

On ne voit pas les gouvernemens et les juges violer les formes, quand il s'agit de prononcer sur le sort d'un voleur, d'un bigame ou d'un assassin. On instruit long-temps leur procès: on les laisse se choisir librement des conseils et des défenseurs; on les écoute patiemment ; on les interroge avec calme; on les juge sans partialité; ils jouissent réellement de toute la protection de la loi.

S'agit-il d'un procès politique ? Tout est changé.

Le pouvoir ne s'en remet plus seulement aux lois du soin de le venger. Il change l'ordre des juridictions ; il cherche des juges dévoués ; il violente ou dirige leur conscience ; il dispense des formes ; il abrège les délais ; il ne leur demande pas justice, il leur demande du sang !.... Ils en donnent...

Lave tes mains, Pilate !.... Elles sont teintes du sang innocent ! Tu l'as sacrifié par faiblesse ; tu n'es pas plus excusable que si tu l'avais sacrifié par méchanceté !

Juges iniques de tous les temps, de tous les pays, de tous les régimes ; vous tous qui avez eu l'affreux malheur de juger sans pouvoir, sans formes et sans lois ; instrumens dociles des vengeances du pouvoir, de l'ambition d'un chef ou de la réaction des partis : que l'infamie vous suive à travers les âges futurs ! Que la postérité vous déteste comme un exemple à fuir pour ceux qui seraient tentés de vous imiter ! C'est le devoir et l'intérêt de toutes les générations ! c'est mon sentiment particulier !

PIÈCES

JUDICIAIRES ET HISTORIQUES

RELATIVES

AU PROCÈS DU DUC D'ENGHIEN,

AVEC LE JOURNAL DE CE PRINCE DEPUIS L'INSTANT
DE SON ARRESTATION.

N° 1er.

Journal du duc d'Enghien écrit par lui-même, et dont l'original a été remis au premier consul, le 1er germinal an XII.

LE jeudi 15 (mars), à Etteinheim, ma maison cernée par un détachement de dragons et des piquets de gendarmerie, total de deux cents hommes environ; deux généraux (1), le colonel des dragons, le colonel Charlot, de la gendarmerie de Strasbourg; à cinq heures. A cinq heures et demie, les portes enfoncées; emmené au moulin près la tuilerie; mes papiers enlevés, cachetés; conduit dans une charrette, entre deux haies de fusiliers, jusqu'au Rhin. Embarqué pour Rheinau.

---

(1) Ordener et Fririon.

Débarqué et marché à pied jusqu'à Pfofsheim ; déjeuné dans l'auberge. Monté en voiture avec le colonel Charlot, le maréchal-des-logis de la gendarmerie, un gendarme sur le siége et Grunstein. Arrivé à Strasbourg chez le colonel Charlot vers cinq heures et demie ; transféré une demi-heure après, dans un fiacre, à la citadelle. Mes compagnons d'infortune venus de Pfofsheim à Strasbourg, avec des chevaux de paysans, dans une charrette ; arrivés à la citadelle en même temps que moi. Descendus chez le commandant ; logés dans son salon pour la nuit, sur des matelas, par terre. Des gendarmes à pied dans la pièce d'avant; deux sentinelles dans la chambre; une à la porte. Mal dormi.

Vendredi 16. — Prévenu que j'allais changer de logement, je suis à mes frais pour la nourriture, et probablement le bois et la lumière. Le général Leval, commandant la division, accompagné du général Fririon, l'un de ceux qui m'a enlevé, viennent me voir. Leur abord très-froid. Je suis transféré dans le pavillon à droite en entrant sur la place en venant de la ville. Je puis communiquer avec les chambres de MM. de Thumery, Jacques et Schmitt par des dégagemens, mais je ne puis sortir, ni moi, ni mes gens ; on m'annonce pourtant que j'aurai la permission de me promener dans un petit jardin qui se trouve dans une cour derrière mon pavillon. Une garde de douze hommes et un officier est à ma porte. Après le dîner, on me sépare de Grunstein, auquel on donne un logement seul de l'autre côté de la cour. Cette séparation ajoute encore à mon malheur. J'ai écrit ce matin à la princesse. J'ai envoyé ma lettre par le commandant au général Leval; je n'ai point de réponse. Je lui demandais d'envoyer un de mes gens à Est; sans doute tout me sera refusé. Les précautions sont extrêmes de tous côtés pour que je ne puisse communiquer avec qui que ce soit. Si cette position dure, je crois que le désespoir s'emparera de moi. A quatre heures et demie, on vient visiter mes papiers, que le colonel Charlot, accompagné d'un commisaire de sûreté, ouvre en ma présence. On les lit superficiellement. On en fait des liasses séparées, et on me laisse entendre qu'ils vont être envoyés à Paris. Il faudra donc languir des semaines, peut-être des mois! Le chagrin augmente plus je réfléchis à ma cruelle position. Je me couche à onze heures; je suis excédé et ne puis dormir. Le major de la place, M. Machim, a des formes très-honnêtes; il vient me voir quand je suis couché; il cherche à me consoler par des mots obligeans.

Samedi 17. — Je ne sais rien de ma lettre. Je tremble pour la santé de la princesse; un mot de ma main la réparerait. Je suis bien malheureux. On vient me faire signer le procès-verbal de l'ouverture de mes papiers. Je demande et obtiens d'y ajouter une note explicative, pour prouver que je n'ai jamais eu d'autres intentions que de servir et faire la guerre. Le soir, on me dit que j'aurai la permission de me promener dans le jardin, même dans la cour, avec l'officier de garde, ainsi que mes compagnons d'infortune, et que mes papiers sont partis pour Paris par courrier extraordinaire. Je soupe et me couche plus content.

Dimanche 18. — On vient m'enlever à une heure et demie du matin; on ne me laisse que le temps de m'habiller; j'embrasse mes malheureux compagnons, mes gens; je pars seul avec deux officiers de gendarmerie et deux gendarmes. Le colonel Charlot m'a annoncé que nous allons chez le général de division, qui a reçu des ordres de Paris. Au lieu de cela, je trouve une voiture avec six chevaux de poste, sur la place de l'Église. On me campe dedans. Le lieutenant Pétermann monte à côté de moi; le maréchal-des-logis Blitersdorff sur le siége; deux gendarmes, un dedans, l'autre dehors.

N° 2.

Liberté. — Égalité.

Extrait des registres des délibérations des consuls de la république.

Paris, le 29 ventose l'an XII de la république une et indivisible.

Le gouvernement de la république arrête ce qui suit :

Article Ier. Le ci-devant duc d'Enghien, prévenu d'avoir porté les armes contre la république; d'avoir été et d'être encore à la solde de l'Angleterre; de faire partie des complots tramés par cette dernière puissance contre la sûreté intérieure et extérieure de la république ; sera traduit à une commission militaire, composée de sept membres nommés par le général gouverneur de Paris, et qui se réunira à Vincennes.

Art. II. Le grand-juge, le ministre de la guerre et le général, gouverneur de Paris, sont chargés de l'exécution du présent arrêté.

Le premier consul, *signé* Bonaparte.

Par le premier consul, *signé* Hugues Maret.

Pour copie conforme,
Le général en chef, gouverneur de Paris,

Signé Murat.

N.° 3.

Au gouvernement de Paris, le 29 ventose an XII de la république.

Le général en chef, gouverneur de Paris,

En exécution de l'arrêté du gouvernement, en date de ce jour, portant que le ci-devant duc d'Enghien sera traduit devant une commission militaire composée de sept membres, nommés par le général, gouverneur de Paris, a nommé et nomme pour former ladite commission, les sept militaires dont les noms suivent :

Le général Hulin, commandant les grenadiers à pied de la garde des consuls, président ;

Le colonel Guitton, commandant le premier régiment de cuirassiers ;

Le colonel Bazancourt, commandant le quatrième régiment d'infanterie légère ;

Le colonel Ravier, commandant le 18e régiment d'infanterie de ligne ;

Le colonel Barrois, commandant le 96e *idem* ;

Le colonel Rabbe, commandant le 2e régiment de la garde municipale de Paris ;

Le citoyen D'Autancourt, major de la gendarmerie d'élite, qui remplira les fonctions de capitaine-rapporteur.

Cette commission se réunira sur-le-champ au château de Vincennes, pour y juger, sans désemparer, le prévenu, sur les charges énoncées dans l'arrêté du gouvernement, dont copie sera remise au président.

J. Murat.

N° 4.

L'an XII de la république française, aujourd'hui, 29 ventose, douze heures du soir; moi, capitaine major de la gendarmerie d'élite, me suis rendu, d'après l'ordre du général commandant le corps, chez le général en chef *Murat*, gouverneur de Paris, qui me donna de suite l'ordre de me rendre au château de Vincennes, près le général *Hulin*, commandant les grenadiers de la garde des consuls, pour en prendre et recevoir d'ultérieurs.

Rendu au château de Vincennes, le général *Hulin* m'a communiqué : 1° une expédition de l'arrêté du gouvernement du 29 ventose, présent mois, portant que le ci-devant duc d'Enghien serait traduit devant une commission militaire, composée de sept membres, nommés par le général, gouverneur de Paris; 2° l'ordre du général en chef, gouverneur de Paris, de ce jour, portant nomination des membres de la commission militaire, en exécution de l'arrêté précité; lesquels sont les citoyens *Hulin*, général des grenadiers de la garde; *Guitton*, colonel du 1er des cuirassiers; *Bazancourt*, commandant le 4e régiment d'infanterie légère; *Ravier*, commandant le 18ᵉ d'infanterie de ligne; *Barrois*, commandant le 96ᵉ, *idem*; et *Rabbe*, commandant le 2ᵉ régiment de la garde de Paris.

Et portant que le capitaine-major soussigné remplira auprès de cette commission militaire les fonctions de capitaine-rapporteur : le même ordre portant encore que cette commission se réunira sur-le-champ au château de Vincennes, pour y juger, sans désemparer, le prévenu, sur les charges énoncées dans l'arrêté du gouvernement susdaté.

Pour l'exécution de ces dispositions, et en vertu des ordres du général *Hulin*, président de la commission, le capitaine soussigné s'est rendu dans la chambre où se trouvait couché le duc d'Enghien, accompagné du chef d'escadron *Jacquin* de la légion d'élite, et des gendarmes à pied du même corps, nommés *Lerva* et *Tharsis*, et encore du citoyen *Noirot*, lieutenant au même corps : le capitaine-rapporteur soussigné a reçu de suite les réponses ci-après, sur chacune des interrogations qu'il lui a adressées, étant assisté du citoyen *Molin*, capitaine au 18ᵉ régiment, greffier choisi par le rapporteur.

— A lui demandé ses noms, prénoms, âge et lieu de naissance.

A répondu se nommer *Louis-Antoine-Henri de Bourbon, duc d'Enghien*, né le 2 août 1772 à Chantilly.

— A lui demandé à quelle époque il a quitté la France.

A répondu : « Je ne puis pas le dire précisément; » mais je pense que c'est le 16 juillet 1789. » Qu'il est parti avec le prince de Condé, son grand-père, son père, le comte d'Artois et les enfans du comte d'Artois.

A lui demandé où il a résidé depuis sa sortie de France.

A répondu : « En sortant de France, j'ai passé, » avec mes parens que j'ai toujours suivis, par » Mons et Bruxelles; de-là, nous nous sommes » rendus à Turin, chez le roi de Sardaigne, où » nous sommes restés à peu près seize mois. » De-là, toujours avec ses parens, il est allé à Worms et environs sur les bords du Rhin; ensuite le corps de Condé s'est formé, et j'ai fait toute la guerre. J'avais, avant cela, fait la campagne de 1792 en Brabant, avec le corps de Bourbon, à l'armée du duc Albert.

— A lui demandé où il s'est retiré depuis la paix faite entre la république française et l'empereur.

A répondu : « Nous avons terminé la dernière campagne aux environs de Gratz; c'est là où le corps de Condé, qui était à la solde de l'Angleterre, a été licencié, c'est-à-dire à Wendisch Facstrictz, en Styrie; » qu'il est ensuite resté pour son plaisir à Gratz ou environs, à peu près six ou neuf mois, attendant des nouvelles de son grand-père, le prince de Condé, qui était passé en Angleterre;

et qui devait l'informer du traitement que cette puissance lui ferait, lequel n'était pas encore déterminé. « Dans cet intervalle, j'ai demandé au cardinal de » Rohan la permission d'aller dans son pays à Et- » tenheim, en Brisgaw, ci-devant évêché de Stras- » bourg; » que depuis deux ans et demi il est resté dans ce pays. Depuis la mort du cardinal, il a demandé à l'électeur de Bade, officiellement, la permission de rester dans ce pays, qui lui a été accordée, n'ayant pas voulu y rester sans son agrément.

— A lui demandé s'il n'est point passé en Angleterre, et si cette Puissance lui accorde toujours un traitement.

A répondu n'y être jamais allé; que l'Angleterre lui accorde toujours un traitement, et qu'il n'a que cela pour vivre.

A demandé à ajouter que les raisons qui l'avaient déterminé à rester à Ettenheim ne subsistant plus, il se proposait de se fixer à Fribourg, en Brisgaw, ville beaucoup plus agréable qu'Ettenheim, où il n'était resté qu'attendu que l'électeur lui avait accordé la permission de chasse dont il était fort amateur.

— A lui demandé s'il entretenait des correspondances avec les princes français retirés à Londres; s'il les avait vus depuis quelque temps.

A répondu : Que naturellement il entretenait des correspondances avec son grand-père, depuis qu'il l'avait quitté à Vienne où il était allé le conduire après le licenciement du corps; qu'il en entretenait également avec son père, qu'il n'avait pas vu, autant qu'il peut se le rappeler, depuis 1794 ou 1795.

— A lui demandé quel grade il occupait dans l'armée de Condé.

A répondu : Commandant de l'avant-garde avant 1796. Avant cette campagne, comme volontaire au quartier-général de son grand-père; et toujours, depuis 1796, comme commandant d'avant-garde; et observant qu'après le passage de l'armée de Condé en Russie, cette armée fut réunie en deux corps, un d'infanterie, et un de dragons, dont il fut fait colonel par l'empereur; et que c'est en cette qualité qu'il revint aux armées du Rhin.

— A lui demandé s'il connaît le général Pichegru; s'il a eu des relations avec lui.

A répondu : « Je ne l'ai, je crois, jamais vu; je » n'ai point eu de relations avec lui. Je sais qu'il » a désiré me voir. Je me loue de ne pas l'avoir » connu, d'après les vils moyens dont on dit qu'il » a voulu se servir, s'ils sont vrais. »

— A lui demandé s'il connaît l'ex-général Dumouriez, et s'il a des relations avec lui.

A répondu : Pas davantage; je ne l'ai jamais vu.

— A lui demandé si, depuis la paix, il n'a point entretenu de correspondance dans l'intérieur de la république.

A répondu : « J'ai écrit à quelques amis qui me » sont encore attachés, qui ont fait la guerre avec » moi, pour leurs affaires et les miennes. Ces

» correspondances n'étaient pas de celles dont
» on croit qu'il veuille parler. »

De quoi a été dressé le présent, qui a été signé par le duc d'Enghien, le chef d'escadron Jacquin, le lieutenant *Noirot*, les deux gendarmes et le capitaine-rapporteur.

« Avant de signer le présent procès-verbal, je
» fais, avec instance, la demande d'avoir une au-
» dience particulière du premier consul. Mon nom,
» mon rang, ma façon de penser et l'horreur de
» ma situation, me font espérer qu'il ne se refusera
» pas à ma demande. »

Signé L.-A.-H. De Bourbon.

Et plus bas :

Noirot, *lieutenant;* et Jacquin.

Pour copie conforme :

Le capitaine faisant fonctions de rapporteur,

Dautancourt.

Molin, *capitaine-greffier.*

N° 5.

Aujourd'hui, le 30 ventose an XII de la république,

La commission militaire formée en exécution de l'arrêté du gouvernement, en date du 29 du courant, composée des citoyens Hulin, général commandant les grenadiers de la garde des consuls, président; Guitton, colonel du 1er régiment de cuirassiers; Bazancourt, colonel du 4e régiment d'infanterie légère; Ravier, colonel du 18e régiment de ligne; Barrois, colonel du 96e; Rabbe, colonel du 2e régiment de la garde de Paris; le citoyen Dautancourt, remplissant les fonctions de capitaine-rapporteur; assisté du citoyen Molin, capitaine au 18e régiment d'infanterie de ligne, choisi pour remplir les fonctions de greffier; tous nommés par le général en chef, gouverneur de Paris;

S'est réunie au château de Vincennes;

A l'effet de juger le ci-devant duc d'Enghien, sur les charges portées dans l'arrêté précité.

Le président a fait amener le prévenu libre et sans fers, et a ordonné au capitaine-rapporteur de donner connaissance des pièces tant à charge qu'à décharge, au nombre d'une.

Après lui avoir donné lecture de l'arrêté susdit, le président lui a fait les questions suivantes :

— Vos noms, prénoms, âge et lieu de naissance?

A répondu se nommer Louis-Antoine-Henri

de Bourbon, duc d'Enghien, né à Chantilly, le 2 août 1772.

— A lui demandé s'il a pris les armes contre la France?

A répondu qu'il avait fait toute la guerre, et qu'il persistait dans la déclaration qu'il a faite au capitaine-rapporteur, et qu'il a signée. A de plus ajouté qu'il était prêt à faire la guerre, et qu'il désirait avoir du service dans la nouvelle guerre de l'Angleterre contre la France.

— A lui demandé s'il était encore à la solde de l'Angleterre?

A répondu que oui; qu'il recevait, par mois, cent cinquante guinées de cette puissance.

La commission, après avoir fait donner au prévenu lecture de ses déclarations par l'organe de son président, et lui avoir demandé s'il avait quelque chose à ajouter dans ses moyens de défense, il a répondu n'avoir rien à dire de plus, et y persister.

Le président a fait retirer l'accusé; le conseil délibérant à huis-clos, le président a recueilli les voix, en commençant par le plus jeune en grade; le président ayant émis son opinion le dernier, l'unanimité des voix l'a déclaré coupable, et lui a appliqué l'art..... de la loi du..., ainsi conçu... et, en conséquence, l'a condamné à la peine de mort.

Ordonne que le présent jugement sera exécuté de suite, à la diligence du capitaine-rapporteur, après en avoir donné lecture, en présence des différens détachemens des corps de la garnison, au condamné.

Fait, clos et jugé sans désemparer, à Vincennes, les jour, mois et an que dessus; et avons signé.

Signé P. Hulin, Bazancourt, Rabbe, Barrois, Dautancourt, *rapporteur;* Guitton, Ravier.

Nota. La minute ne porte pas la signature du greffier Molin.

N° 6.

Paris, le 30 ventôse de l'an XII de la république.

Le conseiller d'État, spécialement chargé de l'instruction et de la suite de toutes les affaires relatives à la tranquillité et à la sûreté intérieures de la république,

Au général de brigade Hulin, commandant les grenadiers de la garde.

Général,

Je vous prie de me transmettre le jugement rendu ce matin contre l'ex-duc d'Enghien, ainsi que les interrogatoires qu'il a prêtés.

Je vous serai obligé, si vous pouvez le remettre à l'agent qui vous portera ma lettre.

J'ai l'honneur de vous saluer,

RÉAL.

N° 7.

Paris, le 30 ventose de l'an XII de la république.

Le conseiller d'État, etc.
Au général de brigade Hulin, etc.

Général,

J'attends le jugement et les interrogatoires de l'ex-duc d'Enghien, pour me rendre à la Malmaison, auprès du premier consul.

Veuillez me faire savoir à quelle heure je pourrai avoir ces pièces. Le porteur de ma lettre pourrait se charger du paquet, et attendre qu'il soit prêt, si les expéditions sont avancées.

J'ai l'honneur, etc.

RÉAL.

N° 8.

Au gouvernement de Paris, le 1er germinal an XII de la république.

Le général en chef, gouverneur de Paris;

Envoyez-moi, je vous prie, mon cher Hulin, copie de l'interrogatoire qu'on a fait au ci-devant duc d'Enghien.

Il pourrait être *utile* au citoyen Thuriot.

Je vous salue,

Murat.

N° 9.

Paris, le 2 germinal de l'an XII de la république.

Le conseiller d'État.... etc., etc.

A reçu du général de brigade Hulin, commandant les grenadiers à pied de la garde, un petit paquet contenant *des cheveux, un anneau d'or et une lettre*, ce petit paquet portant la suscription suivante :
« Pour être remis à madame la princesse de Rohan,
» de la part du ci-devant duc d'Enghien. »

Réal.

N° 10.

Commission militaire spéciale,

Formée dans la première division militaire, en vertu de l'arrêté du gouvernement, en date du 29 ventose an XII de la république une et indivisible.

JUGEMENT.

Au nom du peuple français,

Ce jourd'hui, 30 ventose an XII de la république, la commission militaire spéciale formée dans la première division militaire, en vertu de l'arrêté du gouvernement, en date du 29 ventose an XII, composée, d'après la loi du 19 fructidor an V, de sept membres; savoir, les citoyens:

Hulin, général de brigade, commandant les grenadiers à pied de la garde, président;

Guitton, colonel, commandant le 1er régiment de cuirassiers;

Bazancourt, commandant le 4e régiment d'infanterie légère;

Ravier, colonel du 18e régiment d'infanterie de ligne;

Barrois, colonel, commandant le 96e régiment de ligne;

Rabbe, colonel, commandant le 2e régiment de la garde municipale de Paris;

Dautancourt, capitaine, major de la gendarmerie d'élite, faisant les fonctions de capitaine-rapporteur;

Molin, capitaine au 18ᵉ régiment d'infanterie de ligne, greffier; tous nommés par le général en chef Murat, gouverneur de Paris, et commandant la première division militaire.

Lesquels président, membres, rapporteur et greffier, ne sont ni parens, ni alliés entre eux, ni du prévenu au degré prohibé par la loi.

La commission, convoquée par l'ordre du général en chef gouverneur de Paris, s'est réunie au château de Vincennes dans le logement du commandant de la place, à l'effet de juger le nommé Louis-Antoine Henri de Bourbon, duc d'Enghien, né à Chantilly, le 2 août 1772, taille de 1 mètre 705 millimètres, cheveux et sourcils châtain-clair, figure ovale, longue, bien faite, yeux gris tirant sur le brun, bouche moyenne, nez aquilin, menton un peu pointu, bien fait; accusé:

1°. D'avoir porté les armes contre la république française;

2°. D'avoir offert ses services au gouvernement anglais, ennemi du peuple français;

3°. D'avoir reçu et accrédité près de lui des agens dudit gouvernement anglais, de leur avoir procuré les moyens de pratiquer des intelligences en France, et d'avoir conspiré avec eux contre la sûreté intérieure et extérieure de l'État;

4°. De s'être mis à la tête d'un rassemblement d'émigrés français et autres soldés par l'Angleterre, formé sur les frontières de la France, dans les pays de Fribourg et de Baden ;

5°. D'avoir pratiqué des intelligences dans la place de Strasbourg, tendantes à faire soulever les départemens circonvoisins pour y opérer une diversion favorable à l'Angleterre ;

6°. D'être l'un des fauteurs et complices de la conspiration tramée par les Anglais contre la vie du premier consul, et devant, en cas de succès de cette conspiration, entrer en France.

La séance ayant été ouverte, le président a ordonné au rapporteur de donner lecture de toutes les pièces, tant celles à charge que celles à décharge.

Cette lecture terminée, le président a ordonné à la garde d'amener l'accusé, lequel a été introduit libre et sans fers devant la commission.

— Interrogé de ses noms, prénoms, âge, lieu de naissance et domicile ?

A répondu se nommer Louis-Antoine-Henri de Bourbon, duc d'Enghien, âgé de trente-deux ans, né à Chantilly, près Paris, ayant quitté la France depuis le 16 juillet 1789.

Après avoir fait prêter interrogatoire à l'accusé, par l'organe du président sur tout le contenu de l'accusation dirigée contre lui ; ouï le rapporteur en son rapport et ses conclusions, et l'accusé dans ses moyens de défense ; après que celui-ci a eu déclaré n'avoir plus rien à ajouter pour sa justification, le président a demandé aux membres s'ils avaient quelques observations à faire; sur leur réponse négative, et avant d'aller aux opinions, il a ordonné à l'accusé de se retirer.

L'accusé a été reconduit à la prison par son escorte; et le rapporteur, le greffier, ainsi que les citoyens assistans dans l'auditoire, se sont retirés sur l'invitation du président.

La commission délibérant à huis-clos, le président a posé les questions ainsi qu'il suit :

Louis-Antoine-Henri de Bourbon, duc d'Enghien, accusé :

1°. D'avoir porté les armes contre la république française, est-il coupable?

2°. D'avoir offert des services au gouvernement anglais, ennemi du peuple français, est-il coupable?

3°. D'avoir reçu et accrédité près de lui des agens dudit gouvernement anglais; de leur avoir procuré des moyens de pratiquer des intelligences en France; d'avoir conspiré avec eux contre la sûreté extérieure et intérieure de l'Etat, est-il coupable?

4°. De s'être mis à la tête d'un rassemblement d'émigrés français et autres soldés par l'Angleterre, formé sur les frontières de la France, dans les pays de Fribourg et de Baden, est-il coupable?

5°. D'avoir pratiqué des intelligences dans la place de Strasbourg, tendantes à faire soulever les départemens circonvoisins, pour y opérer une diversion favorable à l'Angleterre, est-il coupable ?

6°. D'être l'un des fauteurs et complices de la conspiration tramée par les Anglais contre la vie du premier consul, et devant, en cas de succès de cette conspiration, entrer en France, est-il coupable ?

Les voix recueillies séparément sur chacune des questions ci-dessus, commençant par le moins ancien en grade, le président ayant émis son opinion le dernier,

La commission déclare le nommé Louis-Antoine-Henri de Bourbon, duc d'Enghien,

1°. A l'unanimité, coupable d'avoir porté les armes contre la république française ;

2°. A l'unanimité, coupable d'avoir offert ses services au gouvernement anglais, ennemi du peuple français ;

3°. A l'unanimité, coupable d'avoir reçu et accrédité près de lui des agens dudit gouvernement anglais ; de leur avoir procuré des moyens de pratiquer des intelligences en France, et d'avoir conspiré avec eux contre la sûreté intérieure et extérieure de l'État ;

4°. A l'unanimité, coupable de s'être mis à la tête d'un rassemblement d'émigrés français et autres, soldés par l'Angleterre, formé sur les frontières de la France, dans les pays de Fribourg et de Baden ;

5°. A l'unanimité, coupable d'avoir pratiqué des

intelligences dans la place de Strasbourg, tendantes à faire soulever les départemens circonvoisins, pour y opérer une diversion favorable à l'Angleterre;

6°. A l'unanimité, coupable d'être l'un des fauteurs et complices de la conspiration tramée par les Anglais contre la vie du premier consul, et devant, en cas de succès de cette conspiration, entrer en France.

Sur ce, le président a posé la question relative à l'application de la peine. Les voix recueillies de nouveau dans la forme ci-dessus indiquée, la commission militaire spéciale condamne à l'unanimité, à la peine de mort, le nommé Louis-Antoine-Henri de Bourbon, duc d'Enghien, en réparation des crimes d'espionnage, de correspondance avec les ennemis de la république, d'attentat contre la sûreté intérieure et extérieure de l'État.

Ladite peine prononcée en conformité des articles 2, titre 4 du Code militaire des délits et des peines, du 21 brumaire an V; 1er et 2e, 2e section du titre 1er du Code pénal ordinaire, du 6 octobre 1791, ainsi conçus, savoir:

Art. II (du 21 brumaire an V). « Tout individu, quel que soit son état, qualité ou profession, convaincu d'espionnage pour l'ennemi, sera puni de mort. »

Art. Ier (du 6 octobre 1791). « Tout complot ou attentat contre la république, sera puni de mort. »

Art. II (*id.*). « Toute conspiration et complot, tendant à troubler l'État par une guerre civile, et armant les citoyens les uns contre les autres, ou contre l'exercice de l'autorité légitime, sera puni de mort. »

Enjoint au capitaine-rapporteur de lire de suite le présent jugement, en présence de la garde assemblée sous les armes, au condamné.

Ordonne qu'il en sera envoyé, dans les délais prescrits par la loi, à la diligence du président et du rapporteur, une expédition tant au ministre de la guerre, au grand-juge ministre de la justice, et au général en chef, gouverneur de Paris.

Fait, clos et jugé sans désemparer, les jour, mois et an dits, en séance publique; et les membres de la commission militaire spéciale ont signé, avec le rapporteur et le greffier, la minute du jugement.

Signé GUITTON, BAZANCOURT, RAVIER, BARROIS, RABBE, DAUTANCOURT. capitaine-rapporteur ; MOLIN, capitaine-greffier, et HULIN, président.

Pour copie conforme,

Le président de la commission spéciale,

P. HULIN.

P. DAUTANCOURT, capitaine-rapporteur;

MOLIN, capitaine-greffier.

N° 11.

Paris, le 22 germinal an XII de la république.

Le ministre de la guerre,
Au général Hulin, etc., etc.

J'ai reçu, citoyen général, avec votre lettre, copie du jugement rendu le 30 ventose dernier, par une commission militaire, contre l'ex-duc d'Enghien. Je vous remercie de cet envoi.

Je vous salue,

BERTHIER.

EXPLICATIONS

OFFERTES

AUX HOMMES IMPARTIAUX,

PAR M. LE COMTE HULIN,

AU SUJET DE LA COMMISSION MILITAIRE INSTITUÉE EN L'AN XII POUR JUGER LE DUC D'ENGHIEN.

La malheureuse affaire du DUC D'ENGHIEN m'a déjà causé près de vingt ans de profonds regrets!

Vieux aujourd'hui, frappé de cécité, retiré du monde, n'ayant pour consolation que les soins de la famille qui m'entoure, mes douleurs se sont accrues lorsque j'ai vu rappeler avec éclat des scènes qui, sans doute, n'avaient pu s'effacer de tous les souvenirs, mais qui, du moins, n'étaient l'objet d'aucune discussion publique.

Cependant, quoique accablé dans le premier moment, j'ai ensuite béni la divine Providence lorsque j'ai entrevu qu'elle m'offrait une occasion qui, jusque-là, m'avait toujours manqué, de donner à mes concitoyens des explications, sans qu'on pût m'accuser de manquer aux lois de la prudence et de la discrétion.

Qu'on ne se méprenne point sur mes intentions. Je n'écris point par peur, puisque ma personne est sous la protection des lois émanées du trône même, et que, sous le gouvernement d'un roi juste, je n'ai rien à redouter de la violence et de l'arbitraire. Mais j'écris pour satisfaire au besoin de ma conscience et aux intérêts de ma famille envers laquelle aussi j'ai des devoirs à remplir; j'écris pour dire la vérité, même en tout ce qui peut m'être contraire! Ainsi, je ne prétends justifier ni la forme ni le fond du jugement: mais je veux montrer sous l'empire et au milieu de quel concours de circonstances il a été rendu; je veux éloigner de moi et de mes collègues, l'idée que nous ayons agi comme des hommes de parti. Si l'on doit nous blâmer encore, je veux aussi qu'on nous plaigne, et qu'on dise de nous: *Ils ont été bien malheureux!*

Le 29 ventose an XII, à sept heures du soir, je reçus l'avis de me rendre de suite chez le gouverneur de Paris, le général Murat. Ce général m'ordonna de me transporter, dans le plus bref délai, au château de Vincennes, en qualité de président d'une commission qui devait s'y rassembler; et, sur l'observation que j'avais besoin d'un ordre de sa main, il ajouta : « Cet ordre vous sera envoyé
» avec l'arrêté du gouvernement, aussitôt votre ar-
» rivée à Vincennes. Partez promptement; à peine
» y serez-vous arrivé, que ces pièces vous par-
» viendront. » Telles furent ses propres expressions.

J'ignorais entièrement le but de cette commission. Long-temps après mon arrivée à Vincennes je l'ignorais encore. Les membres qui devaient la composer avec moi arrivèrent successivement aux heures différentes qui leur avaient été indiquées par les ordres séparés qu'ils avaient reçus. Interrogé par eux *si je savais pourquoi l'on nous rassemblait? je leur répondis que je n'en étais pas plus instruit qu'eux.* Le commandant même du château de Vincennes, M. Harel, me répondit, sur la question que je lui fis à ce sujet, *qu'il ne savait rien*, et ajouta, voyant ma surprise : *Que voulez-vous ? je ne suis plus rien ici ; tout se fait sans mes ordres et sans ma participation. C'est un autre qui commande ici.*

En effet, la gendarmerie d'élite remplissait le château; elle en avait occupé tous les postes, et les gardait avec tant de sévérité, qu'un des membres de la commission resta plus d'une demi-heure sous le guichet, sans pouvoir se faire reconnaître.

Un autre, ayant reçu l'ordre de se rendre de suite à Vincennes, sans autre explication, s'imagina qu'on l'y envoyait pour tenir prison.

Ainsi, nous allions nous trouver juges dans une cause trop malheureusement célèbre, sans qu'aucun de nous y fût préparé !

Nous fûmes, vers les dix heures du soir, tirés de l'incertitude où nous étions, par la communication que je reçus des pièces suivantes, par ordonnance, de la part du général Murat. Ces pièces étaient celles dont j'ai déjà parlé :

1°. L'arrêté du gouvernement, daté du 29 ventose an XII, énonçant les charges contre le prévenu;

2°. Un ordre du général en chef Murat, gouverneur de Paris, qui nommait les membres de la commission.

Je dois faire observer, sur la composition de cette commission, qu'elle n'avait rien d'extraordinaire. Elle était formée de colonels, commandant les différens corps alors en garnison à Paris. Cette mesure a été générale, et nous devons tous au hasard de notre séjour dans cette ville, le choix qui tomba sur nous.

La présidence appartenait de droit au plus élevé en grade. Voilà pourquoi je me trouvai président.

L'ordre du gouverneur de Paris portait que la commission se réunirait sur-le-champ pour juger sans désemparer. Mais l'interrogatoire auquel procédait le rapporteur n'ayant pu être terminé que vers le milieu de la nuit, ce fut aussi à cette heure-là seulement que la commission ouvrit sa séance.

Je dois observer que mes collègues et moi nous étions entièrement étrangers à la connaissance des lois. Chacun avait gagné ses grades sur le champ de bataille; aucun n'avait la moindre notion en matière de jugemens; et pour comble de malheur, le rapporteur et le greffier n'avaient guère plus d'expérience que nous.

La lecture des pièces donna lieu à un incident. Nous remarquâmes qu'à la fin de l'interrogatoire prêté devant le capitaine-rapporteur, le prince, avant de signer, avait tracé, de sa propre main, quelques lignes où il exprimait le désir d'avoir une explication avec le premier consul. Un membre fit la proposition de transmettre cette demande au gouvernement. La commission y déféra ; mais au même instant, le général qui était venu se poster derrière mon fauteuil, nous représenta que cette demande était *inopportune*. D'ailleurs nous ne trouvâmes dans la loi aucune disposition qui nous autorisât à surseoir. La commision passa donc outre, se réservant, après les débats, de satisfaire au vœu du prévenu.

Plusieurs pièces étaient jointes au dossier : des lettres interceptées, une correspondance de M. Shée, alors préfet du Bas-Rhin, et surtout un long rapport du conseiller d'État Réal, où toute cette affaire, avec ses ramifications, était présentée comme intéressant la sûreté de l'État et l'existence même du gouvernement ; en un mot, ce rapport contenait tout ce qui pouvait faire impression sur nos esprits et nous porter à croire que le salut de l'État dépendait du jugement qui allait être rendu.

Je procédai à l'interrogatoire du prévenu ; je dois le dire, il se présenta devant nous avec une noble assurance, repoussa loin de lui d'avoir trempé directement ni indirectement dans un complot d'assassinat contre la vie du premier consul ; mais il avoua aussi avoir porté les armes contre la France, disant avec un courage et une fierté qui ne nous permirent jamais, dans son propre intérêt, de le faire varier sur ce point, « qu'il avait soutenu les

» droits de sa famille, et qu'un Condé ne pouvait
» jamais rentrer en France que les armes à la main.
» Ma naissance, mon opinion, ajouta-t-il, me
» rendent à jamais l'ennemi de votre gouver-
» nement. »

La fermeté de ses aveux devenait désespérante pour ses juges. Dix fois nous le mîmes sur la voie de revenir sur ses déclarations ; toujours il persista d'une manière inébranlable. « Je vois, disait-il par
» intervalle, les intentions honorables des membres
» de la commission, mais je ne peux me servir des
» moyens qu'ils m'offrent. » Et sur l'avertissement que les commissions militaires jugeaient sans appel :
« Je le sais, me répondit-il, et je ne me dissimule
» pas le danger que je cours ; je désire seulement
» avoir une entrevue avec le premier consul. »

Que pouvaient faire les membres de la commission ?.... Qu'on se reporte à l'époque où nous vivions.

Nous étions liés par nos sermens au gouvernement d'alors.

Nommés juges, il nous a fallu être juges à peine d'être jugés nous-mêmes. Juges d'après des lois que nous n'avions pas faites, et dont nous étions malheureusement constitués les organes : pourquoi ces lois, interrogées par nous, ne nous ont-elles jamais répondu que par une peine cruelle qu'elles ne nous offraient aucun moyen d'adoucir ?

Il fallait, disait-on, nous déclarer *incompétens !*

— Pour cela, il eût fallu que le moyen eût été

proposé. Nous n'étions pas jurisconsultes; pour nous, notre compétence semblait resulter du seul fait qu'un arrêté du gouvernement nous ordonnait de juger.

Il fallait, du moins, lui donner un défenseur, et tout ce que vous dites avoir ignoré aurait été plaidé pour le prince ! — Cette négligence extrême du capitaine-rapporteur aurait été réparée par moi, mais le prince n'avait pas demandé de défenseur, et aucun des membres ne me rappela ce devoir.

J'en dirai autant des illégalités de l'instruction et des vices que l'on reproche à la rédaction du jugement.

Seulement j'observerai, quant à la double minute, que l'estimable auteur *de la Discussion des actes de la commission militaire*, imprimée chez Baudouin frères, a ignoré un fait qui n'était pas écrit dans les pièces.

Le dossier qui lui a été communiqué, et qui n'a pu l'être que par celui que j'avais rendu, en 1815, dépositaire de mes papiers, était mon dossier particulier, et non le dossier officiel du gouvernement, qui devrait se trouver dans les archives de la guerre ou de la police, avec le rapport du conseiller d'État Réal et les autres documens, s'ils n'ont pas été soustraits.

Plusieurs rédactions furent essayées, entre autres celle qui a été publiée comme pièce du procès; mais après qu'elle eut été signée, elle ne nous parut pas régulière et nous fîmes procéder à une nouvelle rédaction par le greffier, basée principalement sur le rapport du conseiller d'État Réal et les réponses du prince.

Cette seconde rédaction, qui constituait la *vraie minute*, aurait dû rester seule; l'autre aurait dû être anéantie sur-le-champ : si elle ne l'a pas été, c'est un oubli de ma part. Voilà l'exacte vérité.

Au surplus, il ne peut, en aucun cas, en résulter aucun reproche contre nous; et nous admettons volontiers à ce sujet le dilemme proposé par le *Journal des Débats*. C'est que, de toute manière, il ne pouvait pas être procédé de suite à l'exécution du jugement. On ne pouvait pas y procéder sur la première minute, car elle était incomplète, quoique signée de nous; elle contenait des blancs non remplis, et n'était pas signée du greffier. Ainsi le rapporteur et l'officier chargé de l'exécution n'auraient pu, sans prévarication, voir là un véritable jugement. Et quant à la seconde rédaction, la seule vraie, comme elle ne portait pas l'ordre *d'exécuter* de suite, mais seulement de *lire* de suite le jugement au condamné, l'exécution de suite ne serait pas le fait de la commission, mais seulement de ceux qui auraient pris sur leur responsabilité propre de brusquer cette fatale exécution.

Hélas! nous avions bien d'autres pensées! A peine le jugement fut-il signé que je me mis à écrire une lettre dans laquelle, me rendant en cela l'interprète du vœu unanime de la commission, j'écrivais au premier consul pour lui faire part du désir qu'avait témoigné le prince d'avoir une entrevue avec lui, et aussi pour le conjurer de remettre une peine que la rigueur de notre position ne nous avait pas permis d'éluder.

C'est à cet instant qu'un homme qui s'était constamment tenu dans la salle du conseil, et que je nommerais à l'instant, si je ne réfléchissais que, même en me défendant, il ne me convient pas d'accuser...... « Que faites-vous là, me dit-il, en s'ap-
» prochant de moi ? — J'écris au premier consul,
» lui répondis-je, pour lui exprimer le vœu du
» conseil et celui du condamné. — Votre affaire est
» finie, me dit-il, en reprenant la plume : mainte-
» nant cela me regarde. »

J'avoue que je crus, et plusieurs de mes collègues avec moi, qu'il voulait dire : *Cela me regarde d'avertir le premier consul.* La réponse, entendue en ce sens, nous laissait l'espoir que l'avertissement n'en serait pas moins donné. Je me rappelle seulement le sentiment de dépit que j'éprouvai de me voir enlever ainsi par un autre la plus belle prérogative d'une fonction qui est toujours si pénible.

Et comment nous serait-il venu à l'idée que qui que ce fût, auprès de nous, avait l'ordre de négliger les formalités voulues par les lois ?

Je m'entretenais de ce qui venait de se passer sous le vestibule contigu à la salle des délibérations. Des conversations particulières s'étaient engagées ; j'attendais ma voiture qui, n'ayant pu entrer dans la cour intérieure, non plus que celle des autres membres, retarda mon départ et le leur. Nous étions nous-mêmes enfermés, sans que personne pût communiquer au-dehors, lorsqu'une explosion se fit entendre!..... bruit terrible qui retentit au fond de nos ames, et les glaça de terreur et d'effroi !

Oui, je le jure au nom de tous mes collègues! cette exécution ne fut point autorisée par nous : notre jugement portait qu'il en serait envoyé une expédition au ministre de la guerre, au grand-juge, ministre de la justice; et au général en chef, gouverneur de Paris.

L'ordre d'exécution ne pouvait être régulièrement donné que par ce dernier; les copies n'étaient point encore expédiées; elles ne pouvaient pas être terminées avant qu'une partie de la journée ne fût écoulée. Rentré dans Paris, j'aurais été trouver le gouverneur, le premier consul, que sais-je ?.... Et tout-à-coup un bruit affreux vient nous révéler que le prince n'existe plus !

Nous ignorons si celui qui a si cruellement précipité cette exécution funeste avait des ordres. S'il n'en avait point, lui seul est responsable; s'il en avait, la commission étrangère à ces ordres, la commission tenue en charte privée, la commission dont le dernier vœu était pour le salut du prince, n'a pu ni en prévenir ni en empêcher l'effet. On ne peut l'en accuser !

Je le répète encore, que je suis malheureux ! Vingt ans écoulés n'ont point adouci l'amertume de mes regrets! Mes aveux sont sans faiblesse; ils perdraient toute leur valeur s'ils étaient dépourvus de toute dignité. Que l'on m'accuse d'ignorance, d'erreur, j'y consens; qu'on me reproche une obéissance à laquelle aujourd'hui je saurais bien me soustraire dans de pareilles circonstances; mon attachement à un homme que je croyais destiné à faire le bonheur de mon pays; ma fidélité à un gouvernement que je croyais légitime alors, et qui était en possession de mes sermens......; mais que l'on me tienne compte, ainsi qu'à mes collègues, des circonstances fatales au milieu desquelles nous avons été appelés à prononcer; que l'on dise de nous : *Ils furent bien malheureux!*

EXAMEN IMPARTIAL

DES CALOMNIES RÉPANDUES

SUR M. DE CAULAINCOURT,

DUC DE VICENCE;

A L'OCCASION DE LA CATASTROPHE DE MONSEIGNEUR LE DUC D'ENGHIEN.

> Infamiâ intactum, calumniâ quâ possunt, urgent. (Tit.-Liv.)
>
> Ils poursuivent autant qu'ils peuvent par la calomnie, celui dont la vie fut exempte de blâme.

M. DE CAULAINCOURT a été entièrement étranger à l'arrestation, au jugement, et à la fatale exécution de M. le duc d'Enghien.

Cependant la calomnie s'est attachée à ses pas : elle s'est obstinée à lui attribuer une part dans ce funeste événement.

Dans les temps qui ont précédé la restauration, elle s'est contentée de semer des bruits sourds, des imputations vagues : mais on conçoit que M. de Caulaincourt n'a pas dû élever la voix pour les réfuter.

Lui eût-il été permis de s'exprimer avec liberté sur une action qu'il n'eût pu rejeter loin de lui sans accuser de la manière la plus sanglante le chef de l'État?

Avait-il besoin d'ailleurs de se justifier d'un reproche qui pouvait bien circuler obscurément dans quelques coteries; mais qui ne pouvait s'accréditer à la Cour, ni dans un palais où tout ce qui tenait au gouvernement savait parfaitement à quoi s'en tenir sur les acteurs de ce malheureux événement?

Mais, en 1814, les hommes qui avaient été le plus sincèrement attachés à l'empereur Napoléon, furent aussi les plus exposés à la haine de ceux qui voulaient les écarter.

Telle fut la destinée de M. de Caulaincourt.

Fidèle à la France dont il avait été le ministre, on ne lui pardonnait pas d'avoir pu balancer les destinées de la royauté au congrès de Châtillon: fidèle jusqu'au dernier moment à la personne du grand homme qu'il avait servi, ayant jusqu'au bout stipulé dans le double intérêt de sa politique et de son individualité; ceux qui n'avaient pas la grandeur d'ame d'approuver une si noble conduite, eurent la bassesse de le calomnier.

On craignait que le roi, suprême appréciateur des services même dont il n'avait pas été l'objet, ne fît pour M. de Caulaincourt ce qu'il avait fait pour la plupart des grands de l'empire; et, dans l'impossibilité d'incriminer sa conduite politique, on essaya de noircir sa vie en cherchant à l'impliquer dans l'affaire du duc d'Enghien.

La Cour et le Gouvernement avaient changé ; des hommes étrangers aux secrets de l'ancien cabinet allaient prendre le maniement des affaires ; le roi et les princes pouvaient être circonvenus, l'opinion publique trompée ; M. de Caulaincourt, cédant au vœu de sa famille et de quelques amis, fit insérer dans le Journal des Débats du 26 avril 1814 un article où il explique brièvement les faits, et montre, par le texte même de l'ordre qui lui fut donné, que la mission dont il fut chargé en l'an XII, n'avait rien de commun avec le fait de l'arrestation de M. le duc d'Enghien (voyez pièces n. 1 et 2).

Dans cet article, M. de Caulaincourt cite une lettre que Sa Majesté l'empereur Alexandre lui écrivit dans les premiers temps de son ambassade en Russie. A cette époque, en effet, M. de Caulaincourt crut qu'il importait, au succès même de sa mission, d'aller au-devant des calomnies que les ennemis de la France avaient essayé d'accréditer dans le public, et de prévenir les impressions fâcheuses qu'elles auraient pu faire naître sur le caractère personnel de son ambassadeur (1). M. de Caulaincourt en écrivit même à l'empereur Alexandre (n° 3), et en reçut la réponse suivante (n. 4) :

---

(1) Ces calomnies avaient été principalement accréditées par les Anglais et quelques-uns de leurs partisans, uniquement dans l'intention de diminuer l'influence du cabinet français auprès du cabinet de Saint-Pétersbourg.

« Je savais, général, *par mes ministres en Alle-*
» *magne*, combien vous étiez *étranger à l'horrible*
» *affaire* dont vous me parlez. Les pièces que vous
» me communiquez ne peuvent *qu'ajouter* à cette
» conviction. J'aime à vous le dire, et à vous as-
» surer encore de *l'estime sincère* que je vous
» porte.

» Pétersbourg, le 4 avril 1808. — ALEXANDRE. »

Il est bien à remarquer que l'empereur Alexandre ne dit pas qu'il ait formé sa conviction sur les pièces que le général Caulaincourt lui a communiquées. Ces pièces peuvent *ajouter* à la conviction; mais cette conviction existait d'avance; M. de Caulaincourt n'a eu à combattre aucune prévention défavorable dans l'esprit de Sa Majesté. *Je savais*, dit l'empereur; et comment Sa Majesté avait-elle su la vérité? — Par les rapports *de ses ministres en Allemagne*, et notamment de son ministre près l'électeur de Bade, son beau-père; c'est-à-dire des rapports rédigés sur le lieu même qui avait été le théâtre des faits.

Et, en réalité, la diplomatie européenne, après avoir exploré et recueilli toutes les circonstances qui se rattachaient à cette grande violation du droit des gens, n'avait pu que demeurer entièrement *convaincue,* ainsi que le dit l'empereur Alexandre, que M. de Caulaincourt était *étranger à cette horrible affaire.*

Aussi, l'empereur Alexandre n'avait-il pas attendu cette explication pour témoigner à M. de Caulaincourt *l'estime sincère* dont il l'a depuis constamment honoré. Ce général en a éprouvé les bienveillans effets à Tilsit, à Pétersbourg, et même, après les événemens de 1814, pour la conclusion de toutes les stipulations relatives à l'empereur Napoléon.

Mais la calomnie se repose-t-elle, quand l'a-t-on vue se tenir pour battue, rendre les armes, et céder à la vérité?

On exhume les restes de l'infortuné prince! et la haine, venant se glisser sous le manteau de la piété, parmi les témoins appelés seulement pour constater une douloureuse identité, on en fait intervenir un qui déclare, contre *la vérité matérielle des faits*, que M. de Caulaincourt était présent à Vincennes, au jour fatal qui vit précipiter dans la tombe le malheureux duc d'Enghien!

Cependant M. le duc de Vicence vivait retiré, le plus souvent à la campagne, entouré de sa famille, loin de la cour, des places et des honneurs au sein desquels il avait assez vécu pour être désabusé de leur illusion; lorsqu'en 1820, la publication d'un écrit historique (1) où il était assez bien traité pour qu'on pût croire qu'il était lié avec l'auteur, et où sa correspondance était citée de manière à laisser supposer qu'il l'en avait aidé, le força à prendre la plume pour refuser des éloges personnels qu'il n'était pas dans son caractère d'accepter

---

(1) Campagne de 1814, par Kock. 3 vol. in-8°.

aux dépens de l'homme dont il avait été le ministre et l'ami (pièce, n° 5).

Sa lettre devint aussitôt le texte d'une accusation à laquelle il répondit avec une noblesse, une fermeté, et l'on doit ajouter, des ménagemens, qui ne laissèrent au bon sens des juges d'autre parti à prendre que de reconnaître à quel point elle était injuste et impolitique (1).

Les années continuaient de s'écouler; et M. de Caulaincourt ne pensait pas qu'aucun événement pût rappeler l'attention publique sur des faits qu'il regardait comme suffisamment éclaircis. Il avait seulement pris la précaution de faire enregistrer et déposer chez un notaire (M. Boileau) toutes les pièces originales qui le concernaient, afin que les hommes impartiaux pussent en prendre librement communication...., et qu'elles ne fussent pas exposées aux indiscrètes revendications de la police.

Tout-à-coup, une publication inattendue ramène les imaginations sur *la catastrophe du duc d'Enghien*.

Ce premier écrit en fait éclore une foule d'autres. Sur ces entrefaites, paraît aussi le tome 5 des Mémoires de Napoléon, accompagné de pièces importantes. Non-seulement en France, mais à l'Étranger on réimprime tout ce qui a paru sur ce déplorable événement; et, dans le conflit d'opi-

---

(1) Voyez cette réponse avec l'arrêt de la Chambre d'accusation parmi les pièces justificatives, n. 6, 7 et 8.

nions et de jugemens qui s'élèvent en sens divers, chacun est intéressé à rétablir la vérité partout où il paraît qu'on s'en est écarté à son préjudice.

L'annonce que la prochaine livraison *des Mémoires sur la Révolution* comprendrait tout ce qui a rapport à l'affaire du duc d'Enghien, est devenu, pour tous ceux qui jusque-là avaient gardé le silence, un motif plus pressant encore de fournir à l'histoire le contingent qu'elle réclame de tous les hommes sincères, qui tiennent à l'estime de leurs contemporains et à celle de la postérité. C'est dans ces circonstances qu'un ami de la justice et de la vérité, jaloux d'éclairer de leur flambeau toutes les scènes de ce drame funeste, ayant pris une connaissance approfondie de tous les documens qu'il a été en son pouvoir de consulter, a cru devoir prendre la plume, et a entrepris de transmettre au public l'impression que lui-même avait ressentie, en joignant à ses réflexions le texte même de toutes les pièces sur lesquelles il a formé son opinion.

PREMIÈRE QUESTION.

Par qui M. le duc d'Enghien a-t-il eté arrêté?

Pour résoudre cette question, il faut :
1°. Voir les *ordres* qui ont été donnés;
2°. *L'exécution* qu'ils ont reçue.

Il faut d'abord s'attacher aux ordres qui ont été

donnés; en effet, ces ordres ont été le principe de l'action.

Si l'ordre d'arrêter le duc d'Enghien a été donné à un autre que M. de Caulaincourt, ce n'est donc pas lui qui a été chargé de l'arrestation de ce prince.

Si M. de Caulaincourt a eu dans le même temps une mission toute différente, pour un autre lieu, pour un autre objet, il deviendra encore plus constant qu'il est demeuré étranger à l'autre mission, pour laquelle il n'avait ni ordre ni instructions.

Enfin, si des circonstances de l'exécution, ressort la preuve que M. de Caulaincourt n'a pris part à aucun des actes dont elle se compose, et que cette scène a eu d'autres acteurs, comment pourra-t-on encore l'accuser d'y avoir participé?

M. de Caulaincourt aura donc pour lui le droit et le fait; il aura pour lui la preuve négative, résultant de ce que n'ayant pas reçu l'ordre, il n'aura dû prendre, et n'aura effectivement pris aucune part à l'arrestation du prince; et, en outre, la preuve positive résultant de ce que cette arrestation a eu lieu par d'autres que par lui.

Or, le lecteur est prié de lire avant tout la lettre (n° 27), écrite le 19 ventose an XII, par le premier consul au ministre de la guerre; il y verra :

Qu'il s'agit de DEUX MISSIONS très-distinctes; la première au général Ordener *de se porter sur* ETTENHEIM, *de cerner la ville, d'y enlever le duc d'Enghien*....... La seconde, pour que le même jour, et à la même heure, le général Caulaincourt se rende à OFFENBOURG, *pour y cerner la ville et arrêter la baronne de Reich et autres agens anglais* (1).

Il est important de remarquer que ces deux commissions devront s'accomplir *le même jour* et *à la même heure*.

Cette simultanéité rendra donc physiquement impossible que celui qui sera chargé de l'une, puisse participer à l'autre; chacun sera occupé, *de son côté*, à un objet *différent*.

Ainsi le général Ordener marchera de Schelestadt sur Ettenheim; et le général Caulaincourt, partant de Strasbourg, dirigera l'opération d'Offenbourg (*voyez* la carte où la marche des deux généraux est tracée avec des couleurs différentes.)

Le général Ordener fera arrêter le duc d'Enghien, et le général Caulaincourt fera arrêter la baronne de Reich et les agens anglais.

Mais, dans ce partage de temps, de lieu, d'objet, il est manifeste que le général Caulaincourt ne sera pas plus responsable des événemens d'Ettenheim, que le général Ordener ne le sera des événemens d'Offenbourg.

Cette distinction, établie entre *les deux missions* dans la lettre du premier consul, devient bien plus sensible encore par la manière dont les ordres sont

---

(1) Pour se faire une idée exacte de la distance des lieux, voyez la Carte topographique ci-jointe.

transmis par le ministre de la guerre aux deux généraux.

Ce ministre ne leur envoie pas un seul et même ordre; il leur expédie à chacun un ordre séparé à des dates différentes. *L'ordre de M. de Caulaincourt ne dit pas un mot sur la mission dont le général Ordener a été chargé de son côté.*

L'ordre donné au général Ordener est du 20 ventose; on lui enjoint de « partir de Paris *en poste*, » *aussitôt* la réception du présent ordre, pour se » rendre *le plus rapidement possible, et sans s'ar-* » *rêter un instant,* à Strasbourg. Il voyagera *sous* » *un autre nom que le sien......* Dès que le général » Ordener aura passé le Rhin, *il se dirigera droit* » *à Ettenheim, marchera droit à la maison du duc* » *d'Enghien;* après cette expédition terminée, il » fera son retour sur Strasbourg (1). »

De son côté, mais seulement le lendemain, M. de Caulaincourt reçut du ministre de la guerre l'ordre que nous transcrivons ici en entier comme pièce fondamentale.

---

(1) Cet ordre, qu'il faut lire en entier (voyez pièce, n. 28), contient les détails les plus circonstanciés sur tout ce que devra faire le général Ordener, et prouve par-là même qu'il avait toute la confiance, la haute-main dans cette affaire, et qu'il devait seul la diriger et la faire exécuter.

« Paris, le 21 ventose an XII de la république française, une et indivisible. (12 mars 1804.)

« Le ministre de la guerre au citoyen Caulain-
» court.

» Le premier consul ordonne au citoyen Cau-
» laincourt, son aide-de-camp, de se rendre en
» poste à Strasbourg.

» Il y accélérera la construction et la mise à
» l'eau des bâtimens légers qu'on y construit pour
» la marine. Il prendra des renseignemens près du
» préfet et du citoyen Méhée, pour faire arrêter
» les agens du gouvernement anglais qui sont à
» Wissembourg et à Offenbourg, notamment la
» baronne de Reich, si elle n'est pas déjà arrêtée.

» Le capitaine Rosey, en mission près des mi-
» nistres anglais et qui a toute leur confiance, lui
» donnera tous les renseignemens nécessaires sur
» les complots formés contre la tranquillité de
» l'État, et la sûreté du premier consul.

» Le citoyen Caulaincourt fera connaître aux
» baillis des villes de la rive droite qu'ils peuvent
» s'attirer de grands malheurs en donnant asile aux
» personnes qui cherchent à troubler la tranquil-
» lité en France, et il se concertera avec le géné-
» ral commandant la 5ᵉ division militaire, pour
» employer au besoin une force suffisante pour
» l'exécution du présent ordre.

» Il rendra un compte particulier au premier
» consul de la mission du capitaine Rosey.

» Le ministre de la guerre,

» *Signé* Alex. Berthier. »

On voit, par cet ordre, que la mission du général Caulaincourt n'a rien de commun avec celle du général Ordener (1). Ce dernier n'y est pas même nommé, le duc d'Enghien non plus.

Cette pluralité, cette diversité de mission, est encore attestée par la lettre (n. 14) du ministre de la guerre au commandant de la cinquième division militaire à Strasbourg, dans laquelle il lui dit : « Je
» vous préviens, citoyen général, que le général
» Ordener et le général Caulaincourt se rendent à
» Strasbourg pour des *missions* très-impor-
» tantes. »

Cependant on peut faire diverses objections basées sur quelques passages, soit de la lettre du premier consul, soit de l'ordre du général Ordener, où le général Caulaincourt se trouve nommé, et qui tendraient à faire supposer que le général Caulaincourt a pu participer à la mission donnée au général Ordener : mais on va voir combien il est facile d'y répondre victorieusement.

---

(1) Il n'est pas enjoint à M. de Caulaincourt de voyager *sous un nom supposé.* Cependant la précaution eût dû être la même, si c'eût été la même mission.

EXTRAIT DE LA CARTE DE FRANCE, PAR CAPITAINE.

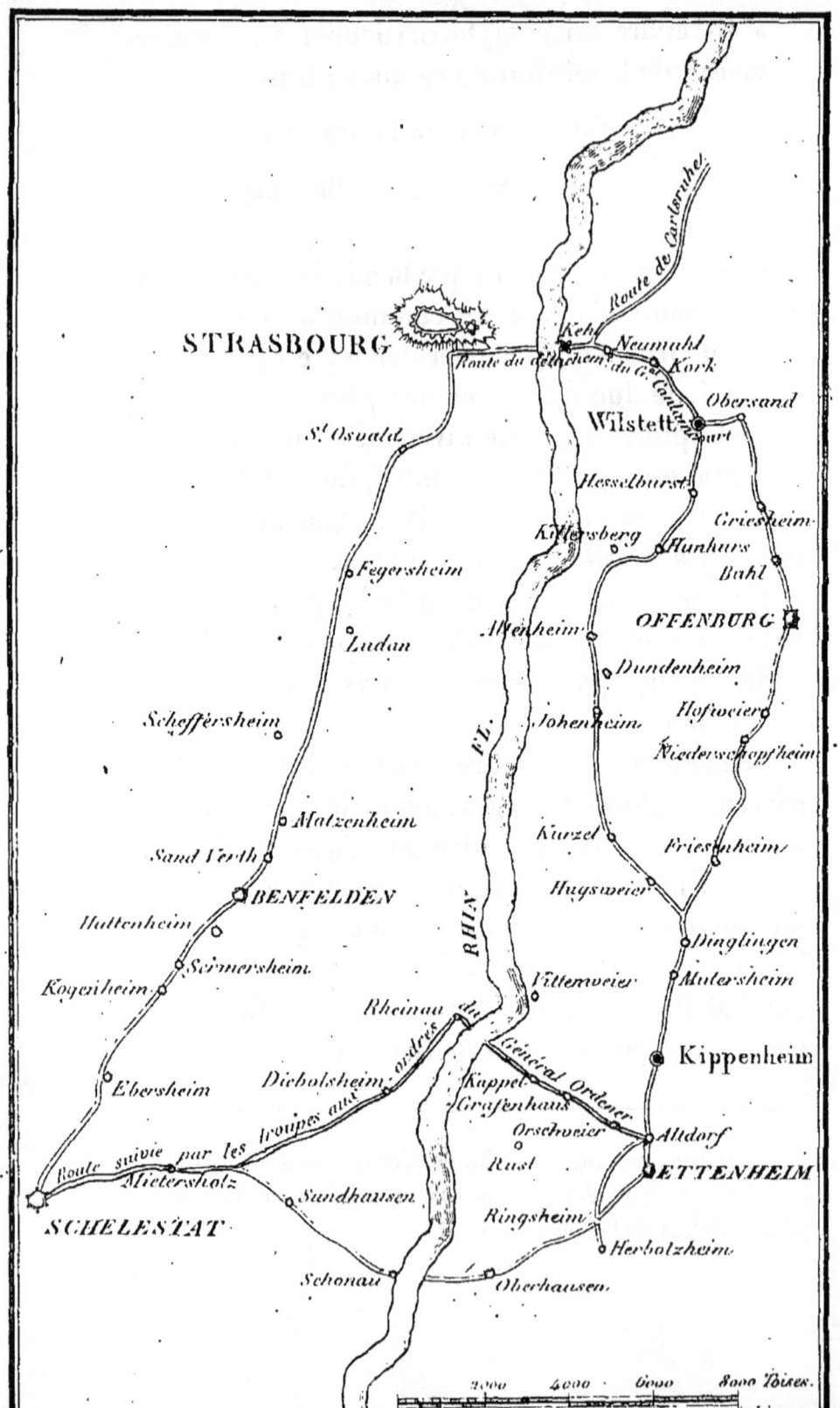

L'ordre de M. de Caulaincourt se concentre entièrement sur l'opération d'Offenbourg, l'arrestation de la baronne de Reich et la mission du capitaine Rosey. Rien qui ait le moindre trait à la mission du général Ordener, non plus qu'au duc d'Enghien.

Dans l'ordre donné au général Ordener par le ministre de la guerre, il est dit : « Le général Ordener est *prévenu* que le général Caulaincourt doit partir *avec lui*, pour agir DE SON CÔTÉ. »

On conçoit que par-là, le général Ordener ait été prévenu que le général Caulaincourt devait aussi partir ; mais ce que nous cherchons, c'est si le général Caulaincourt a été réciproquement prévenu de la mission du général Ordener : or cette question se décide par la seule inspection des ordres.

Ces mots, « le général Caulaincourt doit partir *avec lui*, » sembleraient donner à entendre que les deux généraux sont partis *ensemble*. Mais le contraire est encore prouvé par le texte même des ordres.

En effet, celui du général Ordener, daté du 20, lui enjoint de partir *aussitôt* pour se rendre *le plus rapidement possible* et *sans s'arrêter un instant*, à Strasbourg. Ce général était donc déjà parti, et se trouvait plus près de Strasbourg que de Paris lorsque le général Caulaincourt a reçu son ordre, daté seulement du 21.

Et puis, en s'attachant au texte même de la lettre, ces mots *pour agir de son côté*, prouvent bien que ce n'était pas pour agir *du même côté* que le général Ordener.

Reste une dernière circonstance. Dans la lettre du premier consul, on lit le passage suivant : « Le » général Caulaincourt, le général Ordener et le » général de la division, tiendront conseil et feront » les changemens qu'ils croiront convenables aux » présentes dispositions. »

Ce passage se trouve reproduit mot à mot dans l'ordre transmis par le ministre de la guerre au général Ordener.

Mais se trouve-t-il également dans l'ordre du général Caulaincourt? — Non. Ainsi encore, le général Ordener a su ce qui regardait le général Caulaincourt; mais celui-ci a été tenu dans l'ignorance de ce qui regardait le général Ordener (1).

La possibilité de tenir conseil était dans les instructions du général Ordener qui pouvait le convoquer ou non, selon qu'il le jugerait nécessaire.

---

(1) On conçoit aisément, dans l'ordre même de la hiérarchie militaire, que le général Ordener, qui était l'ancien du général Caulaincourt, et qui, à cette époque, était bien plus avant que lui dans la confiance du premier consul sous lequel il avait servi en Italie, a dû avoir seul le secret de l'affaire, et des instructions plus étendues. C'est aussi à ce général que les fonds ont été remis, et non à M. de Caulaincourt. Enfin, ce qui est décisif, c'est celui qui a eu le mandat qui doit rendre compte de son exécution. Or le général a rendu compte directement de *sa mission* d'Ettenheim au premier consul (voyez n. 30). Cette pièce est essentielle à lire en entier.

C'était un *en cas* qui lui était assuré au besoin, pour qu'il ne fût pas arrêté dans l'exécution de son ordre par des obstacles imprévus.

Il suffisait que le général Ordener fût porteur de cet ordre, pour être certain que sur l'exhibition qu'il en ferait, ce secours ne lui manquerait pas. Mais dans une affaire aussi grave, et dont le succès tenait surtout au secret, il n'y avait pas nécessité de mettre d'avance dans la confidence des hommes dont le concours, comme conseils, était purement éventuel et subordonné aux circonstances.

Aussi remarque-t-on que, dans la lettre du ministre de la guerre au général Leval, commandant la cinquième division, le ministre garde avec lui la même réticence qu'avec le général Caulaincourt; il ne dit pas plus à l'un qu'à l'autre : « Il est possible » que vous ayez à délibérer en commun avec le » général Ordener. »

Et la discrétion du ministre s'est trouvée justifiée par l'événement; car le général Ordener ne s'est pas trouvé embarrassé : rien ne l'a mis dans la nécessité de faire des changemens aux dispositions originairement prises; il n'a pas eu besoin de se consulter avec d'autres; *on n'a pas tenu de Conseil* (1); et si le général Ordener est resté avec la connaissance personnelle qu'il pouvait en convo-

---

(1) Le général Ordener n'a pu ni dû tenir un Conseil, parce qu'il était à Schelestadt où il attendait le retour de l'agent qu'il avait envoyé à Ettenheim, pendant que les géné-

quer un, les deux autres généraux sont restés à cet égard dans une ignorance complète sur ce qui pouvait les concerner.

Par tout ce qui précède, il est donc démontré que la mission dont a été chargé M. de Caulaincourt, le 21 ventose, était entièrement distincte de celle dont le général Ordener avait été chargé la veille. M. de Caulaincourt était destiné à faire partie d'un Conseil qui serait tenu à ce sujet dans un cas donné : heureusement pour lui ce cas ne s'est pas présenté; il n'a pas été appelé à ce Conseil; il a même ignoré les dispositions prises à ce sujet.

Enfin, une lettre (n° 9) du ministre des relations extérieures à M. de Caulaincourt, qui chargeait celui-ci de faire parvenir une dépêche au ministre de Bade, mais dans le cas seulement où *il apprendrait* que le général Ordener aurait fait entrer des troupes dans les États de l'électeur, prouve qu'il ne devait pas être employé dans l'expédition d'Ettenheim. Autrement, et si par lui-même il eût fait partie de cette expédition, comme il aurait été *sur les lieux* avec les généraux Ordener et Fririon, la remise de sa dépêche n'aurait pas été subordonnée aux nouvelles qu'il recevrait, après coup, du général Ordener.

---

raux Leval et Caulaincourt étaient à Strasbourg. On ne tient pas un Conseil quand ceux qui doivent le composer sont à dix lieues l'un de l'autre.

Voilà pour les ordres ; voyons à présent l'exécution.

Le général Ordener s'est rendu en toute hâte à Strasbourg. Tout s'est plié à l'exécution des ordres qu'il avait reçus. Le commandant de la division avait ordre *d'adhérer à toutes les demandes qui lui seraient faites* ; il y a adhéré, *sans même que le but lui en fût indiqué* (n. 16); il a fourni un général, les troupes, les pontonniers, tous les moyens enfin que le général Ordener a désiré avoir à sa disposition.

Ce dernier avait immédiatement envoyé un maréchal-des-logis de gendarmerie déguisé à Ettenheim, et s'était rendu lui-même, le 23 ventose, à Schelestadt, à dix lieues de Strasbourg, pour terminer les dispositions qu'il avait ordonnées. S'étant assuré, par le retour du gendarme, que le prince et celui qu'on croyait être Dumouriez étaient encore à Ettenheim, il dirigea ses troupes sur Rheinau pour qu'elles y passassent le Rhin à la nuit. Il marcha avec elles, se rendit lui-même à Ettenheim avec le général Fririon (1) et le chef d'escadron de gendarmerie Charlot; enleva le prince, et revint, le 24, à Strasbourg (2).

---

(1) Voilà pourquoi le duc d'Enghien, dans son Journal, dit, en parlant d'eux, *les deux généraux ;* ce sont les généraux Ordener et Fririon. On va voir dans un instant à quoi M. de Caulaincourt était occupé dans le même temps.

(2) Voyez, ci-devant, pag. 88, le Journal du prince qui rend compte de son arrestation.

Deux pièces également authentiques prouvent ces faits :

1°. Le rapport officiel du citoyen Charlot au général Moncey (n° 29).

2°. Le journal de M. le duc d'Enghien.

Ainsi le général Caulaincourt est resté complètement étranger à la mission du général Ordener : celui-ci avait seul reçu l'ordre : seul il l'a fait exécuter. Le général Caulaincourt n'y a pris aucune part, et l'on voit à présent qu'en effet, l'empereur Alexandre avait été exactement informé lorsqu'il lui écrivait : « *Je savais*, par mes ministres en Alle-
» magne, *combien vous êtes* étranger à *l'horrible*
» *affaire dont vous me parlez.* »

Mais la non participation du général Caulaincourt à l'exécution des ordres donnés au général Ordener, se prouve avec plus d'évidence encore par un fait dont la certitude est authentiquement prouvée. A *la même heure, au même instant* où le général Ordener faisait arrêter le duc d'Enghien, le général Caulaincourt était occupé *de son côté* à accomplir la mission qui lui avait été donnée pour Offenbourg.

D'abord, la réalité de cette mission, entièrement distincte de l'autre, est attestée par pièces irrécusables.

Outre la lettre du premier consul, et l'ordre du ministre de la guerre :

On peut voir les lettres du comte de Shée (1),
alors préfet de Strasbourg, depuis pair de France;
elles prouvent officiellement que les rapports de
M. de Caulaincourt avec lui ne furent en aucune
manière relatifs à l'affaire d'Ettenheim; elles ne
parlent que de la flottille, des intrigues de Wissembourg et de celles de M. Dracke;

Le rapport du baron de Montgelas, ministre de
Bavière, sur les menées des agens anglais Dracke
et Spencer-Smidt, inséré dans les Moniteurs des
21 et 23 germinal an XII (pièces, n°^{os} 11, 12 et 13);

Enfin, les deux rapports de M. Rosey, également
insérés dans le Moniteur (mêmes pièces).

D'après les ordres du premier consul, l'expédition d'Offenbourg devait avoir lieu le *même jour
et à la même heure* que celle d'Ettenheim.

Elles ont eu lieu effectivement l'une et l'autre
au *même instant*, dans *la même nuit*, celle du 23
au 24 ventose, correspondante aux 14 et 15 mars.

Le 23 au soir, les troupes sortirent de Strasbourg à la nuit, passèrent le pont de Kehl et se
dirigèrent sur Wilstadt (2). Le général Caulaincourt et le général Leval qui les accompagnaient
restèrent dans cette dernière ville, pendant que
des postes et patrouilles éclairaient toutes les
routes, et qu'un détachement de cavalerie, commandé par un chef d'escadron et un officier de gen-

---

(1) N° 10, avec les onze pièces incluses sous les lettres A-L.
(2) Voyez la Carte lithographiée.

darmerie, se rendait à Offenbourg pour enlever madame de Reich et les émigrés qui pouvaient s'y trouver. Les généraux Leval et Caulaincourt, ainsi que les troupes, furent de retour à Strasbourg avant midi ; ils n'allèrent pas jusqu'à Offenbourg ; ils restèrent toute la nuit à Wilstadt.

Ces faits sont matériels ; ils ne peuvent être révoqués en doute. La preuve d'ailleurs en est rapportée. En effet, les témoins les plus respectables, d'une moralité à toute épreuve, et l'un d'eux, émigré (1) à cette époque, chevalier à Saint-Louis, et d'une opinion qu'on ne peut soupçonner de complaisance pour M. de Caulaincourt ; ces témoins, dis-je, attestent de la manière la plus précise, que *cette même nuit du 23 au 24 ventose*, M. de Caulaincourt « était à Wilstadt avec le gé-
» néral Leval, commandant la division de Stras-
» bourg, accompagné d'un corps de troupes fran-
» çaises dont un détachement avait l'ordre d'en-
» lever à Offenbourg la baronne de Reich et plu-
» sieurs émigrés. » (Voyez pièces, n°s 17 et 18.)

Interpellé sur ces faits, le général Leval a répondu par sa lettre (n° 16), dans laquelle on remarque le passage suivant : « Quant à votre présence à Wils-
» tadt et sur la route d'Offenbourg, la nuit du 23

---

(1) Il n'est pas étonnant que M. de Caulaincourt ait trouvé, parmi les émigrés qui se trouvaient à Wilstadt, des hommes disposés à rendre hommage à la vérité : presque tous lui ont dû leur liberté.

» au 24 ventose an XII, et pendant une partie de
» la journée, je puis d'autant mieux l'attester *que
» je ne vous quittai pas.* »

Est-il une preuve plus forte que celle qui résulte d'un tel *alibi?*

Mais poursuivons la calomnie jusque dans ses derniers retranchemens. Aussi bien, à quoi servirait d'avoir prouvé que M. de Caulaincourt a été *complètement étranger à l'arrestation d'Ettenheim,* s'il s'était retrouvé dans l'horrible *fossé de Vincennes!*

2ᵉ QUESTION.

M. de Caulaincourt était-il à Vincennes la nuit du 30 ventose an XII?

M. de Caulaincourt n'était point du nombre des juges de M. le duc d'Enghien.

Il ne commandait pas les troupes réunies au château de Vincennes.

Il ne commandait pas la division militaire.

A quel titre eût-il donc été à Vincennes?

Dans la réalité, M. DE CAULAINCOURT N'Y ÉTAIT PAS.

Vainement l'inimitié qui le poursuit voudrait opposer la déclaration du gendarme *Grison* qui prétend l'y avoir vu.

Si ce gendarme l'avait vu, M. de Caulaincourt était un homme assez marquant pour être reconnu par d'autres : ce témoin ne serait pas le seul.

Il affirme, et le général Caulaincourt nie : entre ces deux témoignages, si rien ne devait les départager, le choix des gens de bien ne serait pas douteux.

Scaurus, accusé devant le peuple par le tribun Varius, homme de mauvaise réputation, ne dit que ce peu de mots : « Quintus Varius, Espagnol » de naissance, accuse Marcus Scaurus, prince du » sénat, d'avoir soulevé les alliés. Marcus Scaurus, » prince du sénat, le nie. Auquel des deux, Ro-» mains, ajouterez-vous plutôt foi? » Le peuple ne voulut pas en entendre davantage, et l'accusation n'eut aucune suite.

Mais un homme accusé est moins à plaindre qu'un homme qu'on calomnie; la perfidie ne raisonne pas; et comme pour certaines gens, un gendarme obscur qui dénonce est plus croyable qu'un général qui se justifie, prouvons à quel point ce témoignage est méprisable et mérite peu d'être écouté.

Il résulte de quatre déclarations officielles dont les originaux sont déposés au ministère de la justice (n°ˢ 22, 23, 24 et 25), que M. de Caulaincourt était à *Lunéville*, quartier de son ancien régiment, le jour même où la calomnie veut qu'il ait été à *Paris*.

Le gendarme est donc un faux témoin. — Sans doute ; et lui-même en est convenu dans sa conversation avec MM. Charles Nodier et Bugnet, qui, pour rendre hommage à la vérité, en ont passé une déclaration devant M⁰ Boulard, notaire à Paris, par acte du 9 avril 1816 (n° 26).

Ainsi la calomnie est confondue sur tous les points : il est aussi faux que M. de Caulaincourt ait assisté au supplice de Vincennes, qu'il est faux de prétendre qu'il ait pris part à l'arrestation d'Ettenheim ; et chacun désormais peut dire avec autant d'assurance que l'empereur Alexandre dont l'opinion personnelle revient toujours comme résultat : — *Je sais combien vous êtes étranger à l'horrible affaire dont vous me parlez ;* ou encore répéter ce que Napoléon a dit souvent à différentes personnes : *Caulaincourt est étranger comme vous à cette affaire.*

Après cela, que deviennent d'autres calomnies secondaires ? Ne tombent-elles pas de plein droit avec l'accusation principale dont la fausseté vient d'être démontrée ?

On veut que M. de Caulaincourt ait dû ses grades, ses titres, ses honneurs, à la participation qu'on suppose qu'il a prise à la mission d'Ettenheim ! Et il y a été complètement étranger !

Il a été nommé lieutenant-général après dix-sept ans de service et treize campagnes, et seulement dans une promotion générale, où d'autres officiers, moins anciens que lui, furent également compris (pièces n. 19, 20 et 21).

Le grand cordon de la Légion-d'Honneur lui a été donné, non pas à titre de récompense spéciale, mais parce que sa qualité de *grand-officier de la couronne* le mettait au nombre des *grands officiers de l'empire*, et que ceux-ci ont tous reçu le grand cordon en même temps (pièce n. 20).

Mais pourquoi a-t-il accepté la charge de *grand-écuyer?* Pourquoi n'a-t-il pas repoussé toute distinction de la part d'un souverain qui avait fait arrêter et juger le duc d'Enghien?

Ces questions pourraient s'adresser à beaucoup de personnages, aujourd'hui pairs de France, ou revêtus d'autres éminentes dignités.

On pourrait demander pourquoi le grand-écuyer aurait été plus difficile que le grand-maréchal, le grand-maître des cérémonies, le grand-veneur, le grand-chambellan, et tant d'autres qui n'avaient pas ses services?

On pourrait aller plus loin, et demander pourquoi, depuis ce fatal événement, tous les rois de l'Europe ont échangé avec Napoléon leurs ordres de chevalerie? Pourquoi l'empereur Alexandre l'a appelé *son ami?* Pourquoi l'empereur d'Autriche n'a pas dédaigné de lui offrir sa fille en mariage? Pourquoi?...... Mais à quoi servent toutes ces récriminations, sinon à montrer l'imprudence de ceux qui ne craignent pas d'y donner lieu; et à signaler le malheur d'une époque où l'exemple même des rois n'a pu protéger les particuliers qui n'ont fait que les imiter?

Les princes qui ont proclamé *union et oubli*, ont annoncé plus de sagesse. Ils ont fait la part des circonstances et de la faiblesse humaine.

Ainsi, le ministre de la guerre, qui avait donné les ordres d'Ettenheim et d'Offenbourg, et qui, à ce titre, aurait été plus coupable que les inférieurs qui n'ont fait que les exécuter (1), n'a pas été repoussé de la cour : il est mort avec le titre de *Capitaine des gardes du roi!*

Le ministre des relations extérieures d'alors n'en a pas moins conservé depuis la confiance méritée du roi. Le maréchal sous les ordres duquel était la gendarmerie, et à qui fut adressé le rapport de l'expédition, a été président du Conseil en 1814, et a obtenu le commandement le plus difficile dans la dernière guerre de la Péninsule.

Le second général qui fut obligé de concourir en personne à l'arrestation du duc d'Enghien, est encore à présent inspecteur-général d'infanterie.

Plusieurs des juges du duc d'Enghien ont reçu, de la munificence royale, des grades et des décorations dus à leurs services antérieurs à 1814, sans qu'on parût se ressouvenir pour eux de l'arrêt de Vincennes !

M. de Caulaincourt seul est demeuré sous le poids de la disgrâce et de la calomnie ! Et pourtant quel reproche peut-on lui faire?

S'il avait reçu l'ordre d'arrêter le duc d'Enghien, il ne s'en défendrait pas; car si des noms peuvent ajouter à des regrets, ils ne font rien aux actions. Un malheur n'est pas un tort. Certes, le général

---

(1) Quand le bras a failli, l'on en punit la tête.

Ordener qui, à la tête de trois cents hommes, a fait arrêter le duc d'Enghien par des gendarmes, et a exécuté en pays étranger une expédition militaire ordonnée par son gouvernement, et *dont il ne pouvait prévoir le malheureux et cruel résultat*, n'est pas plus coupable que ne le fut le général Biron lorsqu'il se vit réduit à faire arrêter le jeune et vaillant duc de Montpensier qui servait dans sa propre armée; ou si l'on veut un autre exemple, meilleur peut-être parce qu'il sera plus ancien, il n'est pas plus reprochable que ne le fut M. de Miosan qui arrêta en personne le grand Condé, et qui fut depuis maréchal d'Albret. Car la destinée du duc d'Enghien, pour avoir été différente de celle de son auguste aïeul, ou de son jeune cousin, n'incrimine pas plus celui qui fut à Ettenheim, que l'histoire n'a incriminé le maréchal d'Albret qui exécuta au Palais-Royal l'ordre qu'il avait reçu de son gouvernement (1).

---

(1) Il y a une grande différence entre le militaire qui obéit à l'ordre de son supérieur, et qui n'a pas la liberté du choix, du refus, ni même de l'hésitation; et l'homme appelé à juger. — Napoléon lui-même, quoique grand partisan de l'obéissance passive, dit formellement « *qu'aucun ordre ne peut justifier la conscience d'un juge.* ». Mém. tome 2, p. 340.

« Il n'y a pas de doute, ajoute-t-il au même endroit, que si Caulaincourt eût été nommé juge du duc d'Enghien, il l'eût refusé; mais, chargé d'une mission diplomatique, il a dû obéir; tout cela est si simple que *c'est folie ou délire de l'esprit de parti que d'y trouver à redire.* »

Mais le général Caulaincourt a été plus heureux que le général Ordener ; il n'a pas même à regretter d'avoir été chargé de la mission d'arrêter le duc d'Enghien ; il n'y a pris aucune part ; il était à Offenbourg pendant qu'on arrêtait le prince à Ettenheim ; à Lunéville, pendant qu'on le fusillait à Vincennes.

La mort de ce malheureux prince a dû, comme à tout Français, lui inspirer des regrets ; mais jamais elle n'a pu lui causer de remords.

Offenbourg, *Ettenheim*, *Lunéville* et *Vincennes*, sont quatre points heureusement assez éloignés l'un de l'autre, pour qu'on ne puisse pas plus les confondre que les événemens qui s'y sont passés.

PIÈCES (1).

N° 1ᵉʳ.

Article inséré dans le journal des Débats du mardi 26 avril 1814.

M. de Caulaincourt, aide-de-camp du premier consul, venait d'être envoyé à Strasbourg, et s'y trouvait lors de l'arrestation de M. le duc d'Enghien à Ettenheim. C'est sous ce prétexte et sur cet unique fondement que la malveillance et la légèreté s'acharnaient depuis dix ans contre un homme d'honneur, en abusant de la situation qui le forçait au silence.

Les uns ont dit qu'il avait lui-même arrêté M. le duc d'Enghien; les autres ont dit qu'il avait expédié de Strasbourg les troupes chargées de l'arrêter; les moins malveillans, qu'il en avait seulement porté l'ordre. On lui a encore imputé d'avoir amené le prince de Strasbourg à Vincennes, et enfin d'avoir

---

(1) Parmi ces pièces, les unes ont déjà été imprimées, soit dans les journaux, soit dans divers ouvrages; les autres se trouvent déposées chez Mᵉ Boileau, notaire à Paris, où l'auteur de cette notice a été en prendre communication, ne voulant rien affirmer qui ne fût appuyé sur des documens authentiques.

obtenu la place de grand-écuyer comme récompense d'un tel service.

Le général Ordener fut celui qui fit arrêter à Ettenheim, M. le duc d'Enghien, et le déposa dans la citadelle de Strasbourg. Il était parti de Paris un jour avant M. de Caulaincourt. Il n'y avait point d'ordres à lui porter. Ils lui avaient été donnés avant son départ. Sa mission n'était pas de celles que l'on confie sans nécessité à plusieurs personnes; et s'il avait dû être mis sous la direction de quelqu'un, ce qu'il serait absurde de supposer, ce n'aurait pas été sous la direction d'un officier moins âgé que lui, moins anciennement attaché à la personne du premier consul, sous lequel il avait fait toutes les campagnes d'Italie, et moins avant dans sa confiance.

On doit à la mémoire du général Ordener de rappeler que si, dans cette occurrence, il regarda l'obéissance comme le devoir d'un militaire, il a souvent dit qu'il avait été loin d'en prévoir les funestes suites, et on doit peut-être attribuer aux longs et vifs regrets qu'il en eut, l'anévrisme du cœur dont il est mort subitement à Compiègne.

On pouvait si peu prévoir ses suites, que M. le duc d'Enghien ne fut conduit à Vincennes que sur un ordre transmis par le télégraphe; il ne le fut que par la gendarmerie; et quand M. de Caulaincourt revint de Strasbourg à Paris, il y avait déjà plusieurs jours qu'on y pleurait la mort du prince.

Ceux qui font à M. de Caulaincourt un sujet d'accusation de ce qu'il a été grand-écuyer, ignorent que le général Duroc et lui avaient, sous le consulat, rempli, pendant plusieurs années, en qualité d'aides-de-camp, les fonctions des places dont les titres leur furent donnés lorsqu'on passa du consulat à l'Empire.

La mission de M. de Caulaincourt avait deux objets : l'un était de presser le départ de la flottille que le premier consul y faisait construire, comme il en faisait construire partout pour son expédition projetée contre l'Angleterre ; l'autre se rapportait à des intelligences que M. Dracke, alors ministre d'Angleterre à Stuttgard, pratiquait ou cherchait à pratiquer à Offenbourg et en France, pour exciter des troubles.

Ces faits sont constatés par l'ordre qui motiva le départ de M. de Caulaincourt, et dont l'original est heureusement resté entre ses mains, ainsi que la correspondance relative à ces objets.

La fausseté des imputations dont on l'a noirci était bien connue des personnes qui appartenaient alors de plus près au premier consul, et qui ont daigné le justifier aussi souvent et autant que leur propre situation le leur a permis.

Elle est connue des personnes qui habitaient, avec M. le duc d'Enghien, le château d'Ettenheim, et qui vivent encore.

Elle est connue des personnes avec lesquelles M. de Caulaincourt eut à s'occuper des détails de la mission qui l'avait conduit à Strasbourg.

Enfin, elle a été hautement et noblement reconnue par ceux qui, n'ayant pu rester étrangers à cette déplorable affaire, savent mieux que personne qu'il n'y était pour rien.

Il y a pris part uniquement par la douleur qu'il en a ressentie avec toute la France, et par les cruels chagrins qu'elle lui a causés. Pendant dix ans, il n'a pu opposer à la calomnie que la notoriété d'une vie sans reproche. Une seule fois, il a dû s'expliquer ; ce fut avec un grand souverain, plutôt pour répondre à son honorable confiance que pour dissiper des doutes que ce prince n'avait pas, comme le prouvent les lettres ci-jointes.

(Les trois pièces suivantes accompagnaient l'article envoyé au *journal des Débats*.)

N° 2.

(N° 1, chez M° Boileau, notaire.)

Paris, le 21 ventose an XII de la république française, une et indivisible.

Le ministre de la guerre au citoyen Caulaincourt.

Le premier consul ordonne au citoyen Caulaincourt, son aide-de-camp, de se rendre en poste à Strasbourg.

Il y accélérera la construction et la mise à l'eau des bâtimens légers qu'on y construit pour la marine.

Il prendra des renseignemens près du préfet et du citoyen Méhée pour faire arrêter les agens du gouvernement anglais qui sont à Wissembourg et à Offenbourg, notamment la baronne de Reich, si elle n'est pas déjà arrêtée.

Le chef de bataillon Rosey, envoyé près des ministres anglais, et qui a toute leur confiance, lui donnera tous les renseignemens nécessaires sur les complots formés contre la tranquillité de l'État et la sûreté du premier consul.

Le citoyen Caulaincourt fera connaître aux baillis des villes de la rive droite qu'ils peuvent s'attirer de grands malheurs en donnant asile aux personnes qui cherchent à troubler la tranquillité en France, et il se concertera avec le général commandant la cinquième division militaire, pour employer, au besoin, une force suffisante pour l'exécution du présent ordre.

Il rendra un compte particulier au premier consul du résultat de la mission du chef de bataillon Rosey.

Le ministre de la guerre,

Signé Alex. BERTHIER.

N° 3.

(Déposé chez M° Boileau, notaire.)

Copie d'une lettre de M. de Caulaincourt, ambassadeur de France, à S. M. l'empereur de toutes les Russies.

Saint-Pétersbourg, le 14/2 avril 1808.

Sire,

Les renseignemens que V. M. a reçus des bords du Rhin, m'ont justifié de l'odieuse calomnie qui pèse sur moi depuis trois ans. Il est des détails que V. M. peut ne pas connaître. Je dois à la confiance dont elle daigne m'honorer de les mettre sous ses yeux. Ils la convaincront à quel point je suis étranger à l'arrestation de M. le duc d'Enghien.

Envoyé par le premier consul à Strasbourg presqu'en même temps que le général Ordener, le public a confondu nos missions. Ce général était chargé de se rendre à Ettenheim pour y enlever M. le duc d'Enghien; l'ordre et les pièces que je mets sous les yeux de V. M. lui prouveront combien ma mission était différente de la sienne, et que par conséquent je n'ai été ni pu être en rien dans cette malheureuse affaire.

Je suis, de Votre Majesté impériale,

Sire,

le très-humble et respectueux serviteur.

Signé CAULAINCOURT.

N° 4.

(Déposé chez Mᵉ Boileau, notaire.)

Copie de la réponse de S. M. l'empereur Alexandre, à M. le général Caulaincourt, ambassadeur de France.

Je savais, général, par mes ministres en Allemagne, combien vous étiez étranger à l'horrible affaire dont vous me parlez. Les pièces que vous me communiquez ne peuvent qu'ajouter à cette conviction. J'aime à vous le dire et à vous assurer encore de l'estime sincère que je vous porte.

ALEXANDRE.

Pétersbourg, le 4 avril 1808.

N° 5.

Lettre de M. le duc de Vicence, aux rédacteurs des divers journaux.

Monsieur,

Dans un ouvrage de M. Koch, intitulé : *Campagne de 1814*, se trouvent rapportés plusieurs fragmens de lettres écrites par moi, à l'empereur et à M. le prince de Neufchâtel, pendant la durée du congrès de Châtillon.

Je crois devoir déclarer que je suis absolument

étranger à la communication de mes correspondances et à leur publication. Les hautes sources auxquelles l'auteur annonce avoir puisé, donnent à son ouvrage une importance historique qui ne me permet point, en ce qui me concerne, de consacrer par mon silence les erreurs qu'il renferme : la plupart des détails relatifs aux événemens et aux négociations qui ont eu lieu depuis le 31 mars jusqu'au 12 avril, sont inexacts.

Quant au congrès de Châtillon, si les événemens ont justifié le désir que j'avais de voir la paix rendue à ma patrie, il serait injuste de laisser ignorer à la France, à l'histoire, les motifs d'intérêt national et d'honneur qui empêchèrent l'empereur de souscrire aux conditions que les étrangers voulaient nous imposer.

Je remplis donc le premier des devoirs, celui d'être équitable et vrai, en faisant connaître ces motifs par l'extrait suivant des ordres de l'empereur. . . . .
. . . .

(*Nota.* On ne reproduit pas ici cette citation, quoique jugée innocente ; elle se trouve dans les divers journaux du 21.)

J'attends, Monsieur, de votre impartialité, que vous voudrez bien donner place à cette lettre dans votre journal, et je saisis cette occasion de vous offrir l'assurance de ma considération distinguée.

CAULAINCOURT, duc de Vicence.

Paris, le 20 janvier 1814.

N° 6.

Lettre de M. le duc de Vicence à S. Exc. le Président du conseil des ministres.

Monsieur le comte,

Des articles de journaux, en commentant à leur manière la lettre dont j'ai réclamé l'insertion dans plusieurs feuilles publiques, me font un devoir de m'adresser au ministre du roi, pour rétablir les faits, faire connaître les motifs qui m'ont guidé, et repousser les imputations qu'on veut y rattacher.

Habitant presque toujours la campagne, éloigné des affaires et des hommes qui s'en occupent, je n'ai connu l'ouvrage de M. Koch, que depuis ma récente arrivée à Paris. Étonné d'y trouver textuellement ma correspondance officielle, et même une lettre confidentielle à M. le prince de Neufchâtel, je me plaignis de cette communication, le ministère ne l'a pas ignoré. Aujourd'hui on me reproche la publication d'une pièce qui appartient au domaine de l'histoire et d'une histoire déjà écrite : pouvais-je me taire? pouvais-je accepter la bienveillance du public aux dépens de celui qui ne peut plus se défendre? Pouvais-je, moi, l'ancien dépositaire de ses pouvoirs, moi, l'ancien avocat de sa cause au congrès de Châtillon, laisser l'Europe juger sur une demi-vérité, lui et le ministère dont je faisais partie, quand j'avais dans les mains la vérité tout entière? Le pouvais-je, quand, par le caractère confidentiel d'une de ces lettres, on devait supposer que je n'étais pas étranger à leur publication? Placé malgré moi dans une situation délicate, entre l'inconvénient personnel de dire la vérité et la lâcheté de me taire, je n'ai point hésité. Je n'ai point fait au Roi, sur son trône, l'injure de croire que la citation d'un fait antérieur à son retour pût blesser sa dignité. Ma démarche toute franche n'a été qu'une action de conscience, provoquée par la révélation de mes correspondances.

On parle de 1815, on accolle deux époques qui n'ont rien de commun; on me prête des intentions que je n'ai point eues, que je n'aurai jamais; on veut me supposer un but politique, comme si, pour un être sensé, le rocher de Sainte-Hélène pouvait toucher Paris; comme si défendre la mémoire d'un infortuné quelconque, pouvait être l'action d'un mauvais citoyen. On va même jusqu'à me reprocher d'avoir manqué, dans le choix de mes expressions, aux bienséances légales, comme s'il y avait une autre manière d'exprimer ce qui existait à l'époque dont je parlais; comme si la dénomination dont je me suis servi, n'était pas employée journellement et sans blâme dans les tribunaux, dans une foule de discours et d'écrits, comme si l'oubli des égards dus à un gouvernement qui a régi la France pendant tant d'années, ne serait pas une insulte à la nation qui lui a obéi, et peut-être un manque de respect à l'Europe et au Roi lui-même.

J'espère, Monsieur le comte, que vous ne verrez dans cette lettre qu'une explication sur les motifs qu'on a voulu me prêter, et non une discussion que, sous aucun rapport, je ne puis ni ne dois entamer. J'ai l'honneur de le répéter encore à votre Excellence, la publication qu'on me reproche n'a été de ma part qu'un hommage à la vérité, une action de conscience, et non point une affaire de parti ou d'opinion. Je ne me suis consulté avec personne, mon conseil n'a été qu'en moi et en moi seul. Si ce que j'ai cru honorable doit être blâmé; si mes intentions, quoique pures, peuvent être soupçonnées, je suis prêt à livrer ma personne comme le roi voudra, et jusqu'à ce que le gouvernement de Sa Majesté ait acquis la preuve, s'il ne l'a déjà, que ma conduite et mes actions ont été et sont aussi franches et loyales que la démarche que je crois devoir faire dans ce moment près de votre Excellence.

Veuillez, Monsieur le comte, si vous le jugez nécessaire, mettre ma respectueuse réclamation sous les yeux du roi, et trouver bon qu'elle reçoive la publicité qu'elle semble demander.

J'ai l'honneur d'être avec une haute considération,

Monsieur le comte,

De votre Excellence,

Le très-humble et obéissant serviteur,

D. de VICENCE.

Paris, 24 janvier 1820.

N° 7.

Extrait de l'interrogatoire du 3 février 1820.

(Le duc de Vicence) a répondu aux questions faites par M. le juge d'instruction, qu'il a adressé au Moniteur, aux journaux des Débats et de Paris, la lettre qu'on l'accuse d'avoir fait insérer dans le Constitutionnel et la Renommée.

A déclaré avoir déjà fait connaître les motifs de sa publication au ministère du roi, dès le 24 janvier, mais être prêt à les renouveler devant la justice.

A ajouté :

Dans les premiers jours de janvier, à mon retour de la campagne où je vivais retiré, étant depuis huit mois absent de Paris, j'ai eu connaissance, pour la première fois, que dans l'ouvrage de M. Koch, publié quelques mois auparavant, et que son titre ne présentait que comme une relation de la *campagne de* 1814, se trouvait un chapitre où l'auteur rendait compte des négociations du congrès de Châtillon.

J'en pris alors lecture : quel fut mon étonnement de voir que l'auteur, qui annonçait nominativement les sources où il avait puisé, transcrivait textuellement une partie de ma *correspondance diplomatique*, et publiait même *une lettre confidentielle* que j'aurais écrite au prince de Neufchâtel.

Le récit de l'auteur n'avait rien que de très-honorable pour moi ; mais plus il me traitait favorablement, plus il me présentait comme ayant été l'apôtre de la paix, et plus je me trouvais blessé de voir qu'on pût croire que j'avais fourni des matériaux pour écrire l'histoire aux dépens de celui que j'avais servi et du ministère dont j'avais fait partie.

Me reportant donc à l'époque du congrès de Châtillon, à cette époque où Napoléon, aux yeux de l'Europe, était empereur, où j'avais l'honneur d'être son ministre auprès des puissances étrangères, j'ai cru remplir un devoir de conscience et d'honneur en publiant l'extrait joint à ma lettre du 20 janvier.

Je l'ai publiée sans l'accompagner d'aucun commentaire, d'aucun développement. Loin de moi la pensée d'avoir pu offenser ou blesser en aucune manière la personne du roi, ni méconnaître son autorité : je n'ai point eu et je n'aurai jamais cette coupable pensée. Le sentiment de délicatesse qui m'a porté à défendre, dans son malheur, la mémoire de celui dont j'avais été tant de fois le mandataire, ne permet pas de penser que j'aie voulu manquer au respect et à la fidélité que je dois au roi.

Mes intentions ont été pures, et j'ose dire honorables : si ma vie civile et politique n'a pu me mettre à l'abri de la nécessité de paraître devant vous, M. le juge d'instruction, j'ai la confiance de croire qu'en jugeant de mes motifs par cet exposé des sentimens qui m'ont guidé, la justice ne verra dans ma conduite que l'action d'un honnête homme.

N° 8.

Arrêt du 11 février 1820.

La Cour, vu la lettre..... (celle du duc de Vicence); considérant que si ladite lettre contient, en parlant de Bonaparte, la qualification d'*empereur*, cette qualification inconvenante, se référant à l'époque du congrès de Châtillon, ne constitue pas une attaque formelle contre l'autorité constitutionnelle du roi;

Considérant que la publication de la note diplomatique faisant partie de ladite lettre, a pu blesser les convenances; mais que cette note ne contient point envers la personne du roi une offense que l'auteur de la lettre, ou les éditeurs susnommés se soient rendue propre;

Annule l'ordonnance rendue par la Chambre du conseil du tribunal de première instance du département de la Seine, le 5 de ce mois, par laquelle les faits ont été mal qualifiés;

Déclare qu'il n'y a lieu à suivre contre le duc de Vicence.....

Fait main-levée de la saisie des journaux....

N° 9.

(N. 2. Chez M. Boileau, notaire.)

Lettre du ministre des relations extérieures au général Caulaincourt.

Paris, le 21 ventose an XII (12 mars 1804).

Général,

J'ai l'honneur de vous adresser une lettre pour le baron d'Eldesheim, ministre principal de l'électeur de Bade; vous voudrez bien la lui faire parvenir aussitôt que votre expédition d'Offembourg sera consommée. Le premier consul me charge de vous dire, que, si vous n'êtes pas dans le cas de faire entrer des troupes dans les États de l'électeur, et que vous appreniez que le général Ordener n'en a point fait entrer, cette lettre doit rester entre vos mains, et ne pas être remise au ministre de l'électeur. Je suis chargé de vous recommander particulièrement de faire prendre et de rapporter avec vous les papiers de madame de Reich.

J'ai l'honneur de vous saluer.

Signé Ch.-Maur. TALLEYRAND.

N° 10.

(N. 4, avec onze pièces incluses marquées A, B, C, D, E, F, G, H, I, K et L. Chez M. Boileau, notaire.)

Copie de la Correspondance du préfet du Bas-Rhin avec M. de Caulaincourt.

Strasbourg, le 3 germinal an XII de la république française.

Le conseiller d'État, préfet du département du Bas-Rhin,

Au général Caulaincourt, aide-de-camp du premier consul.

Je vous préviens, mon cher général, que les citoyens Bell et Meyer, juges au tribunal de Wissembourg, que j'avais donné l'ordre d'arrêter en exécution de ceux du grand-juge, viennent d'être conduits à la citadelle de Strasbourg.

Il résulte du rapport verbal que m'ont fait les citoyens Popp et Charlot, que leur conduite ainsi que celle du sieur Pr..., répondait à leur réputation connue dans le pays.

J'ai l'honneur, etc.

Signé, Shée.

Strasbourg, le 1ᵉʳ germinal an XII de la république.

(A) Le conseiller d'État, préfet du département du Bas-Rhin,

Au général Caulaincourt.

Je profite, mon cher général, du retour d'un courrier extraordinaire du grand juge, pour vous adresser une copie du rapport qui m'a été fait sous la date du 28 ventose dernier par le citoyen Ossel, maire de Wissembourg, concernant les deux juges Meyer et Bell, et la feuille hebdomadaire de cette même ville.

Cette copie vous était destinée, mais je n'ai pu la faire partir ce matin, ayant été obligé de prendre, en conséquence des ordres du grand juge, les mesures nécessaires pour faire arrêter ces deux fonctionnaires, mettre les scellés, tant sur leurs papiers personnels que sur les presses de l'imprimeur Boek.

Les citoyens Popp et Charlot sont en route pour aller exécuter cet ordre et faire amener ces deux individus à la citadelle, conformément aux instructions du gouvernement.

Je ne dois pas vous laisser ignorer une circonstance particulière qui a eu lieu depuis votre départ.

Le préfet du palais, Didelot, ayant fait arrêter à Stuttgard un Français émigré, rentré, puis sorti, qui voyageait en Allemagne, nommé Alphonse Frison, et dont la conduite lui a paru suspecte, cet émigré a été dirigé sur Strasbourg, et m'a été amené, il y a deux jours, conduit par un officier et deux hussards au service de Bade.

Je me rappelle que vous étiez ici au moment où il a été conduit à la préfecture, et je ne vous en parle que pour vous annoncer que l'appareil qui a été mis dans cette capture très-insignifiante jusqu'à ce moment, a fait le meilleur effet dans l'esprit public.

Je me propose de profiter de cet événement, en le faisant insérer dans le Courrier du Bas-Rhin, qui, comme vous savez, court l'Allemagne.

J'ai l'honneur, etc.

Signé, Shée.

(B) Le conseiller d'État, préfet du département du Bas-Rhin,

Au général Caulaincourt, aide-de-camp du premier consul.

Mon cher général,

Notre jeune officier a complètement réussi dans la dernière mission de Munich : il est arrivé après neuf jours d'absence. Je l'ai reçu avec d'autant plus de plaisir, que le retard apporté dans son retour commençait à me causer de l'inquiétude.

Il a obtenu lettre et argent, et les deux ministres anglais de Munich et de Stuttgard se sont entendus pour lui procurer, tant en or qu'en lettres de change sur Francfort, Zurich et Paris, la somme de 128,426 livres tournois, pour le premier fonds de dépenses secrètes du général de l'insurrection supposée.

Cette comédie me paraissant maintenant finie, j'ai cru qu'il convenait de dépêcher le citoyen Rosey à Paris, pour qu'il puisse ajouter à son rapport écrit tous les détails verbaux qui pourront faire connaître au gouvernement la maladroite habileté de ces intrigues anglaises.

Je pense bien, mon cher général, que vous saisirez cette occasion de présenter le citoyen Rosey au premier consul, si cela est possible, ou du moins de le recommander à sa bienveillance qu'il mérite, comme vous le savez, déjà sous tous les rapports d'une bravoure à l'épreuve dans la campagne d'Égypte, d'une bonne conduite, et de l'estime de ses chefs.

Je m'applaudirai moi-même d'avoir eu l'occasion de fixer les yeux sur lui pour cette mission délicate, et d'avoir pu être de quelque utilité au gouvernement dans cette circonstance, si elle procure à cet officier l'avancement qu'il m'a paru désirer dans son propre corps, et j'oserais réclamer pour lui une portion des sommes qui lui ont été si gratuitement confiées par les deux ministres anglais.

Je vous renouvelle avec grand plaisir, mon

cher général, l'expression sincère des sentimens d'estime que vous m'avez inspirés.

Signé, Shée.

Post-scriptum. Notre flotille attend à la Ventzenau, la jonction de celle du Haut-Rhin, à laquelle je viens d'envoyer un détachement de pontonniers, pour accélérer sa descente. Si des obstacles la retardaient encore plus de deux jours, je ferais partir la nôtre pour Dordrecht.

(C) Le conseiller d'Etat, préfet du département du Bas-Rhin,

Au général Caulaincourt, aide-de-camp du premier consul.

Strasbourg, le 20 germinal an XII.

Encore un coup d'épaule, mon cher général, et je vous laisserai ensuite tranquille pour quelque temps; vous ne voudrez pas, j'en suis sûr, laisser votre ouvrage imparfait, faute d'une démarche de plus.

Notre flotille est depuis huit jours dans le Grand-Rhin, mais se trouve arrêtée par les fournisseurs de mâtures, cordage et voilure, qui ne veulent pas la laisser partir sans être payés. On le leur avait promis; mais entre le ministre de la marine et celui du trésor public, nous ne recevons point d'argent quoique nous ne demandions que celui payé par le département pour cet objet, et qu'on nous a enlevé. Nous réclamons encore 80,000 francs, faute desquels nous aurons la douleur de n'avoir point coopéré aux justes châtimens des Anglais, et de voir nos peines perdues. Dans cette extrémité, j'ai pensé que si les ministres n'avaient point de fonds disponibles pour faire partir notre flotille, le premier consul pourrait nous tirer de cette perplexité, en m'autorisant à employer les 89,000 et quelques cents livres, provenant de trois lettres de change que je me suis fait laisser par l'officier qui les avait reçues de M. Spencer-Smidt, et qu'il aurait fait protester à Francfort et à Zurich, si je ne m'étais pressé de les faire accepter. Elles le sont heureusement toutes trois, et seront payées le 25 avril. Avec une autorisation du premier consul, je trouverais sur-le-champ des fonds ici sur ces trois effets, et notre flotille partirait sur-le-champ pourvue de mâts, cordages et voiles, et vous auriez, mon cher général, la satisfaction d'avoir contribué au succès de notre petit armement. Ajouterai-je qu'il serait assez piquant que l'argent des Anglais, destiné à nous faire du mal, servît d'une manière si directe à les punir de leur scélératesse? Ce compliment de mystification de leurs deux diplomates assassins, vaut je pense la peine que vous vous mêliez de sa réussite.

Recevez, mon cher général, l'assurance des sentimens distingués d'estime et d'attachement que m'ont inspirés votre zèle et vos talens pour la chose publique.

Signé, SHÉE.

P. S. Je profite de la réexpédition d'un courrier du grand-juge, pour vous faire parvenir promptement ma lettre. Le brave C. Forest vous présente ses hommages.

(D.) *Préfecture du Bas-Rhin.*

Wissembourg, le 15 ventose an XII.

Le maire de la ville de Wissembourg, au Magistrat de sûreté.

Citoyen,

L'agent de police vous fera le rapport de vocifération proférée à haute voix hier à minuit, dans la rue dite Sternegass, par Lœuglé fils, contre le premier magistrat de la république.

Je vous dénonce ce misérable, vous invitant à provoquer contre lui la punition méritée.

J'ai l'honneur de vous saluer,

Signé OSSELL.

(E) *Au même, du 18 ventôse an* XII.

J'ai l'honneur de vous transmettre ci-inclus, citoyen, conformément à votre demande, un exemplaire imprimé de l'arrêté du conseiller d'État, préfet du département, en date du 25 thermidor dernier, concernant les poids et mesures, dont l'exécution est rigoureusement recommandée aux maires qui, aux termes de l'article 42, sont tenus d'informer tous les mois le sous-préfet, et ce dernier le préfet, du progrès de ce système ou des obstacles qu'il éprouve.

Le seul obstacle qu'il rencontre après dix-huit mois de temporisation est, je dois le dire, l'impunité. Je ne pourrai faire procéder à de nouvelles visites qu'après que le tribunal aura fait droit aux dénonciations contenues dans les six rapports et procès-verbaux que je vous ai adressés avec ma lettre du 22 nivôse dernier; elles deviendraient illusoires, et ne seraient regardées que comme de pures vexations. Le procès-verbal dressé contre Franck, le boucher, est une preuve de ce que j'avance.

Une autre dénonciation d'une importance majeure dans les circonstances actuelles, est celle que je vous ai transmise par ma lettre du 15 du courant, contre Lœuglé, son impunité pouvant devenir d'un exemple dangereux que nous devons prévenir. Veuillez provoquer sa punition pour laquelle j'insiste nommément, et remarquer qu'il m'est impossible de maintenir la tranquillité et le bon ordre, si mes dénonciations restent sans suite et sans effet.

J'ai l'honneur, etc.

Signé Ossell.

(F) *Autre, du même jour.*

Apprenant, citoyen, que les propos lâchés par Lœuglé ont été répétés, la nuit passée, hautement dans les rues, je crois devoir fixer votre attention sur ce double événement.

Il est urgent, croyez-en à ma parole, et je prends derechef acte de la déclaration que je vous fais par la présente, il est urgent, dis-je, de faire enfin droit à mes nombreuses dénonciations, et de punir les perturbateurs du repos et de la sûreté publique.

J'ai l'honneur, etc.

Signé Ossell.

(G) *Au Sous-Préfet de l'arrondissement.*

Du 19 ventose an XII.

Citoyen Sous-Préfet,

En exécution de l'arrêté du conseiller d'État, préfet du département, en date du 25 thermidor, et du vôtre y relatif du 27 pluviose dernier, j'ai l'honneur de vous informer qu'en l'an II, j'ai fait l'inquisition des poids et mesures, en nombre de séries proportionnel au besoin de la commune.

Après une temporisation, et une condescendance de près de 18 mois, le seul obstacle qu'éprouve encore le nouveau système est l'impunité. Je dois en conséquence vous informer que je ne continuerai les visites prescrites qu'après que le tribunal aura prononcé conformément à la loi sur les contraventions dénoncées par les procès-verbaux transmis au magistrat de sûreté avec ma lettre du 22 nivose dernier. Jusqu'alors mes visisites, ainsi que je lui ai observé par ma lettre d'avant-hier, ne seraient plus regardées que comme abusives et vexatoires. Le procès-verbal dressé contre Franck, le boucher, qui fait partie de ceux transmis, atteste la vérité que j'avance.

Il m'est impossible de parvenir au maintien du bon ordre, de la police et de la tranquillité publique, si mes dénonciations restent sans suite et sans effet. Veuillez en référer au conseiller d'État préfet.

J'ai l'honneur, etc.

Signé OSSELL.

(H) *Au directeur du jury.*

Du 21 ventose an XII.

Plusieurs personnes ont voulu m'assurer, sans qu'elles aient pu me persuader, que Lœuglé doit passer le jury. Si cela était, je vous le dis confidentiellement, je ne pourrais regarder cette mesure que comme un moyen d'impunité : un jury a prononcé naguère, au grand étonnement de la saine partie du public, qu'il n'y avait pas lieu à accusation contre un assassin, et cet assassin a échappé à la mort qu'il avait méritée.

L'affaire de Lœuglé me paraissant purement correctionnelle, j'insiste fortement, ainsi que je l'ai mandé au magistrat de sûreté, sur sa punition, vous invitant de prendre en considération et les circonstances, et le genre du délit, et l'immoralité connue de l'individu; si elle ne devait pas s'ensuivre, ayant déjà rendu compte, d'après mes instructions, au ministre, des motifs de son arrestation, je ne pourrai me dispenser de l'informer de son impunité.

J'ai l'honneur, etc.

Signé OSSELL.

Pour copie conforme, le maire.

Signé OSSELL.

Pour copie conforme, le secrétaire général de la préfecture du Bas-Rhin.

Signé F. FOREST.

(I) *Préfecture du Bas-Rhin.*

Wissembourg, le 28 ventose an **XI**.

Le maire de la ville de Wissembourg,
Au conseiller d'État, préfet du département.

Citoyen conseiller d'État,

En conformité de votre lettre en date du 24 courant, j'ai l'honneur de vous informer que, sur sommation faite à l'imprimeur de la feuille intitulée : *Indicateur de l'arrondissement de Wissembourg*, de me désigner le nom de l'auteur de l'article y inséré *calomnie*, il m'a remis sa déclaration ci-jointe, constatant que Meyer, juge au tribunal de l'arrondissement communal de Wissembourg, en était l'auteur.

Le moment est venu, citoyen conseiller d'État, où je crois devoir vous signaler cet homme qui, avec d'autres membres du tribunal, ont constamment manifesté leur malveillance par leur conduite politique. Ces membres sont (je vous les désigne avec la confiance et la franchise que m'inspire votre caractère) : le président, Held et Mathens avoués.

Jamais je ne parviendrai dans la commune au maintien du bon ordre et de la tranquillité publique, où ces factieux ne cessent de fomenter sourdement le mécontentement et l'anarchie, d'animer impunément leurs satellites contre ceux qui ne partagent point leurs principes, et n'attendent que l'occasion de pouvoir les sacrifier à leur haine et à leur vengeance.

Il n'y a que six semaines (je tiens ce fait d'une personne digne de confiance), que ce président a osé dire, dans un cercle, que le gouvernement avait perdu toute confiance, et qu'il n'en méritait point; son vote négatif et celui de Meyer pour le consulat à vie, leur refus de signer toute adresse de félicitation au premier consul, leur absence de toutes fêtes et cérémonies publiques, sont des preuves évidentes qu'ils sont les ennemis audacieux du gouvernement dont ils tiennent et leur état et leur existence.

Daignez, citoyen conseiller d'État, faire lecture des lettres, dont copie ci-jointe, écrites aux magistrat de sûreté, sous-préfet et directeur du jury, et vous connaîtrez les obstacles que rencontre le maintien de la sûreté publique: sur vingt dénonciations faites, un seul jugement est intervenu, encore ce jugement n'a-t-il point encore été exécuté. Lœuglé même n'eût point été arrêté, et ce n'est que le soir du jour de ma dénonciation, que, sur mon observation qu'il allait s'échapper, et qu'en ce cas j'en rendrais compte aux autorités supérieures, mandat d'arrêt a été lancé contre lui.

Veuillez, citoyen conseiller d'Etat, m'adresser dorénavant vos lettres non par la poste (des motifs particuliers m'engagent à vous en faire la prière), mais par toute autre voie que vous croyez sûre et convenable.

Salut et profond respect.

Signé Ossell.

Pour copie conforme,
Le secrétaire général de la Préfecture,
Signé F. Forest.

(K) Conformément à l'invitation qui m'a été faite par le citoyen maire de Wissembourg, je déclare que l'article intitulé *calomnie*, qui se trouve dans la feuille du 10° ventose de l'Indicateur de l'arrondissement de Wissembourg, y a été inséré par le citoyen Meyer, juge.

Wissembourg, le 26 ventose an XII.

Signé Boek.

Vu par moi maire de Wissembourg, pour servir de légalisation à la signature ci-dessus du citoyen Boek, imprimeur de la feuille intitulée : *Indicateur de l'arrondissement de Wissembourg*, domicilié en cette ville.

Fait à Wissembourg, le 26 ventose an XII.

Signé Ossell.

Ledit imprimeur a déclaré en outre, au maire, qu'il était dépositaire du manuscrit.

Signé Ossell.

Pour copie conforme,
Le secrétaire général de la préfecture,
Signé F. Forest.

(L) *Département du Bas-Rhin, arrondissement de Wissembourg, commune de Wissembourg. — État dressé en exécution de la circulaire du grand Juge, ministre de la justice, du 18 frimaire an* XII.

Événement ou délit contraire à la tranquillité publique.

Propos outrageans proférés par André Barth, maréchal-ferrant, étranger de naissance, domicilié à Wissembourg, contre le premier consul.

Circonstance de l'événement ou du délit.

Le 13 du courant, une partie des citoyens de Valer, qui venaient de signer l'adresse de félicitation au premier consul, vinrent au cabaret. Barth qui était là, apprenant qu'ils venaient de signer l'adresse, lâcha des propos; deux citoyens de Wissembourg en firent leur déclaration au maire, dont il dressa procès-verbal.

Moyens pris pour constater ou réprimer le délit.

Le maire a transmis le procès-verbal avec la dénonciation, au magistrat de sûreté, avec invitation de procéder contre cet individu, ainsi que de droit.

Fait à Wissembourg, le 28 ventose an XII.

Le maire, *Signé* OSSELL.

Pour copie conforme,
Le secrétaire général de la préfecture,

Signé F. FOREST.

N° 11.

Extrait du Moniteur universel, du mercredi 21 germinal an XII de la république (11 avril 1804).

Munich, le 3 avril (13 germinal).

M. Dracke était insolent et audacieux, et montrait beaucoup d'emportement au sujet de la dernière ordonnance de S. A. E. qui chasse les émigrés de la Bavière; il demandait dans sa note si les émigrés qui étaient immédiatement sous la protection de l'Angleterre seraient aussi obligés de s'éloigner, et si l'on ne s'en rapporterait pas à la garantie que donneraient les agens de S. M. B. de leur conduite; mais il a bien changé de contenance. S. A. E. ayant reçu des communications de Paris, relatives à la basse et honteuse trame de ce ministre, lui fit passer la note ci-jointe.

On avait le droit de s'attendre que M. Dracke contesterait l'authenticité des pièces qui lui étaient opposées; il a pris la chose différemment. Il s'est persuadé que seize gendarmes étaient partis en poste de Strasbourg pour venir l'arrêter; il a, en conséquence, fait connaître à M. de Montgelas, ministre de Bavière, qu'habitant une maison isolée à l'extrémité du faubourg de Munich, il ne se croyait pas en sûreté, et craignait les embûches de la police française; qu'il désirait donc d'être rassuré sur sa position.

La réponse de la cour tardant de quelques

heures à arriver, le désordre de sa conscience se communiqua à son esprit; il crut savoir que les seize gendarmes étaient déjà arrivés à la porte voisine, et il partit à pied sans congé et sans attendre sa voiture. Il fit trois lieues par la traverse; et ce ne fut qu'au bout de trois heures que sa voiture le rejoignit. Il a disparu en quittant sa résidence comme un chef de bandits : mais l'indignation de l'Europe, le mépris de tout ce qu'il y a en Angleterre d'hommes honnêtes, religieux et sensés, le suivront partout. Misérable! qui a pu déshonorer et avilir le caractère qu'honorent les nations civilisées, et que respectent même les hordes les plus sauvages !

« Le soussigné ministre d'Etat et des conférences de S. A. S. E. Bavaro-Palatine, a reçu l'ordre exprès de S. A. S. E. de transmettre à S. E. M. Dracke, etc., l'imprimé des lettres ci-joint, et de l'informer que les originaux de ces lettres écrites de la propre main de M. Dracke, sont actuellement sous ses yeux.

» S. A. S. E. est profondément affligée que le lieu même de sa résidence ait pu devenir le foyer d'une correspondance aussi étrangère à la mission que S. E. M. Dracke a été chargé de remplir près d'elle, et elle doit à sa dignité, à son honneur, et à l'intérêt de son peuple, de déclarer à S. E. que, dès ce moment, il lui sera impossible d'avoir aucune communication avec M. Dracke, et de le recevoir désormais à sa cour.

» Déjà deux sujets de S. A. S. E., fortement compromis par M. Dracke, sont arrêtés à Munich pour s'être permis, d'après ses suggestions, des démarches hautement réprouvées par le droit des gens.

» Le soussigné est chargé de déclarer encore que S. A. S. E. connaît trop bien les sentimens nobles et généreux de Sa Majesté Britannique et de la nation anglaise, pour supposer même que sa conduite, à cette occasion, puisse être sujette au moindre reproche. Elle s'empressera de s'en expliquer directement envers Sa Majesté, et de déposer en son sein le profond regret qu'elle éprouve, en retirant sa confiance au ministre qui avait été chargé de la représenter dans cette cour. L'électeur a la pleine conviction que Sa Majesté Britannique ne verra dans cette démarche, quoique très-pénible pour lui, qu'un nouveau témoignage de la haute opinion qu'il a du caractère de Sa Majesté et de la bienveillance dont elle a donné tant de preuves à la maison électorale.

» Munich, le 31 mars 1804.

» *Signé* le baron de Montgelas. »

N° 12.

Extrait du Moniteur universel, du mercredi 21 germinal an XII de la république (11 avril 1804).

Stuttgard, le 3 avril (13 germinal).

M. Spencer-Smidt, ministre d'Angleterre auprès de l'électeur de Wurtemberg, est parti subitement hier mardi ; il a passé plusieurs heures à brûler ses papiers. L'abbé Péricaut, qui lui avait été donné à Londres par l'abbé Ratal, pour tramer les complots qu'il ourdissait en France, l'a suivi dans cette fuite (1).

Il était public ici que Spencer-Smidt avait une mission relative aux troubles intérieurs de la France. Mais nous n'aurions jamais pensé qu'il eût avili son caractère jusqu'à tremper dans un aussi infâme complot que le dernier.

Spencer-Smidt avait, il y a peu de jours, envoyé beaucoup de lettres de change sur Paris. Il en avait expédié également sur Zurich, ce qui porte à penser qu'il n'était pas étranger aux troubles qui agitent aujourd'hui la Suisse. Quelle morale publique ! quel gouvernement, grand Dieu ! que celui qui se sert des priviléges de l'inviolabilité di-

---

(1) On en verra la cause dans le second rapport que le grand juge a fait au premier consul, sur les suites du complot de Dracke et Spencer-Smidt.

plomatique pour souffler partout impunément le désordre et le crime! Quel gouvernement que celui qui veut que les complots les plus bas soient conduits directement par les ministres qui représentent leur souverain!

N° 13.

Extrait du Supplément au Moniteur universel, du vendredi 23 germinal an XII de la république. (13 avril 1804.)

N. 1ᵉʳ. *Rapport de la mission dont j'ai été chargé par le conseiller d'État, préfet du département du Bas-Rhin, près M. Dracke, ministre d'Angleterre à Munich.*

Le 10 ventose, après avoir reçu par les mains du préfet du Bas-Rhin, les instructions de M. Muller, je partis de Strasbourg pour me rendre près de M. Dracke, ministre d'Angleterre à Munich.

Le 13, j'arrivai à Augsbourg, et lui adressai deux lettres dont voici copie :

« Monsieur,

» J'ai été chargé par M. Muller d'une lettre que
» je désirerais vous remettre moi-même, vou-
» driez-vous bien m'indiquer le jour et l'heure
» où je vous incommoderai le moins?

» J'ai l'honneur d'être, etc. »

Le 17 au matin, voyant que je ne recevais pas

de réponse, je partis pour Munich; à mon arrivée j'écrivis de nouveau à M. Dracke la lettre suivante :

« Monsieur,

» Pendant les quatre jours que j'ai resté à Augs-
» bourg, j'ai eu l'honneur de vous adresser deux
» lettres; je pense que vous ne les avez pas re-
» çues, puisque je suis sans réponse. Veuillez,
» Monsieur, me faire savoir l'heure à laquelle
» je pourrai espérer de vous remettre moi-même
» celle dont m'a chargé M. Muller pour vous.

» J'ai l'honneur, etc. »

Aussitôt qu'il eut reçu cette lettre, il me fit dire de me rendre de suite chez lui, qu'il m'attendait.

Je me présentai à M. Dracke comme aide-de-camp, chef de bataillon, d'un général républicain, et lui remis ma lettre de créance, dont voici la teneur :

« Monsieur,

» La personne qui vous remettra ce billet est
» celle que la compagnie a eu l'honneur de vous
» adresser par mon organe il y a quelques jours.

» Elle a la confiance entière de ceux qui l'en-
» voient, et je vous prie de vouloir bien regarder
» ce qu'elle vous dira, comme l'expression sin-
» cère de leurs sentimens.

» La commission qui lui sera la plus agréable
» sans doute, est celle qu'elle a reçue expressé-

» ment de vous témoigner le dévouement de la
» compagnie : permettez-moi, Monsieur, d'y
» joindre l'assurance de la haute considération
» avec laquelle j'ai l'honneur d'être,

» Monsieur,

» Votre très-humble et très-obéissant serviteur,

» *Signé* MULLER. »

Après la lecture de cette lettre, il me demanda ce qu'il y avait de nouveau en France, comment les affaires allaient. Je lui répondis que le moment du triomphe pour les jacobins était arrivé ; que tout le monde avait jugé, qu'à moins de renoncer à rien tenter contre le gouvernement, etc., etc., on ne pouvait pas trouver d'occasion plus favorable que celle qui se présentait aujourd'hui. — « Que puis-je faire pour vous ? parlez ; quelles » sont vos vues ? qu'espérez-vous faire ? Votre » général et votre comité ont-ils des projets?... » Voyant le moment favorable, je lui présentai mon plan (il est le même que celui consigné dans la minute de mes instructions). Après l'avoir lu trois fois avec attention, il me dit : « Ce plan est très-» bon ; mais je ne vois pas beaucoup de places » fortes parmi celles que vous citez. C'est à quoi » pourtant on devrait le plus s'attacher. » Je lui nommai la place d'armes de Besançon et sa citadelle ; je lui représentai que cette ville était très-forte, et que nous étions certains d'y trouver beaucoup d'artillerie et de munitions en tout genre. —

« Avez-vous des chevaux pour votre artillerie ?—
» Nous nous en sommes déjà assurés. — C'est fort
» bien ; mais gardez-vous de vous presser ; ne
» frappez qu'à coup sûr ; et puis d'ailleurs, en
» cas de malheur, vous pourriez vous retirer dans
» les montagnes du Jura ; vous y trouveriez une
» retraite assurée, et pourriez vous y défendre
» long-temps. Pendant ce temps, les autres dé-
» partemens dans lesquels vous avez déjà formé
» des noyaux, obligeraient à la diversion. » Après
avoir rêvé un instant, il courut chercher sa carte
pour examiner « quelle est la ville d'Allemagne la
» plus proche d'une de celles que nous devons
» occuper pour être à même, disait-il, de se rap-
» procher de nous, afin de rendre cette commu-
» nication plus prompte, et être plus à portée de
» nous aider de tous ces moyens ; ce plan mé-
» rite de ma part la plus grande attention, je l'ap-
» prouve très-fort ; demain et après-demain je
» m'occuperai d'écrire à votre général, et je ne
» doute pas que vous lui portiez une réponse sa-
» tisfaisante. »

M. Dracke me parla ensuite de Pichegru. Je lui
demandai s'il le croyait en France. — « Certaine-
» ment non, dit-il. Je le connais beaucoup ; c'est
» un homme de mérite, mais il est trop froid, il a
» trop d'aplomb pour s'être engagé aussi légère-
» ment dans une telle démarche. Soyez bien as-
» suré qu'il est dans ce moment à Londres, et
» dites-le partout. Quant à Georges, je sais très-

» positivement qu'il ne peut pas être à Paris,
» puisque j'ai reçu des lettres de personnes de
» Londres qui venaient de le voir au moment où
» l'on m'écrivait. »

Je lui ai fait part des bruits de guerre continentale qui ont circulé ; je lui ai peint cet événement comme le coup le plus terrible et le plus affreux pour les jacobins, puisque cela affermissait à jamais le gouvernement, etc., etc... Il a répondu à cela :
« On a de fortes raisons d'espérer qu'on parviendra
» à décider la Russie à se prononcer contre la
» France. »

Il m'entretint longuement des projets de descente en Angleterre, et tout en prodiguant beaucoup d'injures au premier consul, il me dissimula mal la crainte que lui inspiraient, et la descente, et le génie entreprenant de l'armée française.

Il me parla beaucoup de M. Muller. Je lui répondis, d'après mes instructions, que je ne l'avais jamais vu, etc.; que je savais très-positivement qu'il était parti pour l'armée des côtes avec une mission très-importante. Il sourit d'un air satisfait, et me dit : « Lorsque
» j'appris l'arrestation de Moreau, j'écrivis de suite
» à M. Muller de se rendre près de moi, avec recom-
» mandation de lui faire parvenir une lettre par-
» tout où il se trouverait, parce que je jugeai que
» cette circonstance serait favorable. Je ne conçois
» pas ce retard : je suis pourtant certain qu'il est
» en Allemagne ; car un de mes amis m'écrit qu'il

» l'a vu, qu'il lui a parlé : enfin, je l'attends tous
» les jours; j'espère le voir bientôt. »

Je suis bien aise de vous dire que ce citoyen Muller ne jouit pas de la plus grande confiance; il va rarement au comité; on se plaint amèrement de ce qu'il ne s'ouvre pas assez. — « En cela, je
» vous prie de dire à votre général qu'on a tort
» de lui en vouloir. Lorsque je l'envoyai en France,
» ce n'était absolument que pour lier une corres-
» pondance, mais non pas pour y rester, comme
» il l'a fait; car il y a plus de deux mois qu'il de-
» vrait être de retour. Il m'a aussi écrit tout ce que
» vous me dites là, et même plus : que le comité
» l'avait accusé d'avoir reçu des fonds pour un
» autre comité révolutionnaire : je vous assure
» que je ne connais pas d'autre comité. Si je n'ai
» pas fait passer davantage de fonds, c'est, je vous
» avoue franchement, que je ne voyais pas très-
» clair dans les projets de votre comité. Il y a
» quelque temps qu'on m'écrivit qu'on pouvait in-
» surger quatre départemens; que j'aie, moi, à
» leur envoyer un plan, ne connaissant pas leurs
» moyens, et ce qu'ils pouvaient mettre à exécu-
» tion. Aujourd'hui c'est différent : j'y vois clair;
» aussi m'emploierai-je bien volontiers à vous
» donner tous les secours pécuniaires qui sont à
» ma disposition : vous pouvez compter sur moi;
» ainsi, vendredi à quatre heures, venez dîner
» avec moi, et vous trouverez vos dépêches toutes
» prêtes. »

Vendredi je me présentai de nouveau chez M. Dracke; il me reçut avec l'accueil le plus gracieux : « Vos affaires sont prêtes; j'ai écrit à votre
» général; je pense qu'il sera très-content de moi.
» L'écriture n'est pas apparente, mais je présume
» que votre général en a la recette; s'il ne la con-
» naissait pas, M. Muller la lui donnerait. Vous lui
» recommanderez encore de ne pas trop se presser;
» car mon premier avis était d'attendre que B... fût
» parti pour Boulogne et sur le point de s'embar-
» quer. Vous ferez sentir à votre général la néces-
» sité qu'il y aurait de s'emparer de l'Alsace, par-
» ticulièrement d'Huningue et de la citadelle de
» Strasbourg. Ah! si vous pouviez avoir Huningue
» et la citadelle de Strasbourg! Quel coup!... Je pour-
» rais me rapprocher de vous, et vous donner de
» suite des secours pécuniaires. Point de retard dans
» nos opérations : nous agirions de concert, et cela
» irait infiniment mieux. Il serait aussi bien im-
» portant d'avoir un gros parti à Paris; car sans
» cela le reste n'est rien. Il faut vous défaire de
» B.... » (J'avoue que je craignis en ce moment de
me trahir par la vive indignation qui m'agitait.)
Il continua : « C'est le moyen le plus sûr d'avoir
» votre liberté et de faire la paix avec l'Angleterre.
» Une chose que je recommande encore à votre
» général, c'est de remuer tous les partis : tout
» vous doit être également bon, royalistes, jaco-
» bins, etc., etc., excepté les amis de B...., à qui
» il ne faut pas vous fier, de crainte d'être trahis. Il

» faut aussi que votre général se méfie des procla-
» mations que le consul ne manquera pas de faire
» circuler, lorsque vous aurez commencé votre
» insurrection. Il dira que tels ou tels départemens
» se sont un peu insurgés, mais que cela est déjà
» dissipé; et cela pour effrayer les autres départe-
» mens et les empêcher d'agir; car voilà comme
» on éteignit la guerre de la Vendée : on fit courir
» le bruit que Georges était arrêté; tout le monde
» rentra dans l'ordre; et on va faire de Pichegru
» comme on fit avec Georges; car, quoique la ga-
» zette d'aujourd'hui annonce son arrestation, je
» n'en crois absolument rien. On peut arrêter un
» malheureux, et dire : *C'est Pichegru.*

» Il est important que vous disiez à votre général
» qu'il m'indique, le plus tôt possible, une ou deux
» villes dans lesquelles je pourrai envoyer des
» personnes de confiance; elles auront des fonds
» à la disposition de votre général. Lorsqu'il en
» aura besoin, il enverra quelqu'un avec une
» carte de celles que je lui envoie (elles sont numé-
» rotées jusqu'à quatre); on pourra remettre à la
» fois deux ou trois mille louis. C'est, je crois,
» l'or qui lui conviendra le mieux; car je ne
» pourrais pas lui envoyer du papier sur Paris,
» sans donner lieu au soupçon. Vous lui remettrez
» ces quatre lettres de change, montant à 9,990 f.
» ou 10,114 l. 17 s. 6 d. : c'est tout le papier que
» j'ai pu me procurer sur Paris. Je viens d'écrire
» à M. Smidt, à Stuttgard, pour qu'il s'occupe à

» ramasser de son côté le plus de fonds qu'il pourra
» (vous remettrez vous-même la lettre à la poste,
» à Kanstadt), afin que les opérations ne languis-
» sent pas faute d'argent. Si cependant vous vou-
» lez attendre jusqu'à mercredi, vous pourrez em-
» porter une somme plus considérable. »

Je lui répondis que mon général m'avait expressément ordonné de revenir de suite, et qu'il m'était impossible d'attendre. — « Si votre général vous
» envoie encore une fois, ou qu'il envoie quel-
» ques autres personnes, vous lui direz qu'il les
» adresse chez moi directement; il y aura tou-
» jours un logement de prêt. Je me suis logé hors
» la ville à dessein, car je suis ici entouré d'es-
» pions : on épie toutes mes démarches. »

A propos, repris-je, j'oubliais de vous dire que le bruit court ici que vous devez quitter cette ville pour retourner en Angleterre; vous êtes, dit-on, rappelé par votre gouvernement. — « Il est vrai
» qu'on le dit, mais voilà ce qui a donné lieu à
» ce bruit : Il y a quelque temps que j'ai fait meu-
» bler ma maison; j'ai demandé à mon tapissier
» l'inventaire des meubles qu'il m'a fournis, et
» on a cru que j'allais partir; mais rassurez-vous,
» il n'en est rien, mon ami; cette nouvelle est
» fausse. »

Il m'a fait sortir par une petite porte dérobée; il est venu m'accompagner jusqu'à la porte de la ville, en me disant qu'il espérait avoir bientôt des nouvelles de mon général.

Telles sont les expressions dont s'est servi M. Dracke, dans la conversation que nous avons eue relativement à ma mission.

Le plan ou lettre de M. Dracke écrit en encre sympathique, la lettre qui m'a été adressée sous le nom de Lefebvre, le reçu du maître de poste de Kanstadt de la lettre adressée à M. Smidt à Stuttgard, les quatre lettres de change et le même rapport, ont été remis au préfet.

Strasbourg, le 25 ventose an XII.

Signé ROSEY,

adjudant-major, capitaine au 9ᵉ régiment d'infanterie de ligne.

N° 2. Le 4 germinal, j'arrivai à Munich, à six heures du soir, et fus descendre chez M. Dracke, ministre d'Angleterre. Il me logea chez lui au rez-de-chaussée au-dessous de son appartement, comme nous en étions convenus lors de notre première entrevue. Tout jacobin que j'étais censé être, il me reçut avec des démonstrations affectueuses. Je lui remis la lettre de mon prétendu général, en l'engageant à y répondre de suite, ce qu'il fit le lendemain. Cette réponse, présentant pour ainsi dire tous les principaux détails de notre entretien, je me bornerai à donner le résultat succinct de notre communication.

M. Dracke me demanda ce qu'il y avait de nou-

veau en France, comment allaient les affaires; je lui répondis que jamais événemens n'avaient été plus favorables pour nous; que les arrestations qu'on avait exercées sur différens royalistes avaient jeté un voile impénétrable sur nos projets secrets, et que nous nous étions réjouis de voir qu'aucun jacobin n'avait été arrêté, etc., etc. « Je
» crois comme vous, me répondit M. Dracke, que
» vous êtes à l'abri de tout soupçon, et je ne doute
» pas que vous dirigiez vos coups avec plus de sû-
» reté; mais ressouvenez-vous de recommander
» à votre général qu'il est essentiel de réunir tous
» les partis dans les premières opérations qu'il en-
» treprendra; il est nécessaire qu'il ait à opposer
» au consul une masse imposante. Il pourra se
» servir avec avantage du parti royaliste. »

J'observai à M. Dracke que mon général était parfaitement de son avis, mais que le comité ne pourrait se résoudre à unir à une si belle cause, un parti si contraire à ses principes.

« Servez-vous en toujours, me disait-il en se
» promenant dans son jardin, et lorsque vous au-
» rez terrassé B., il vous sera très-facile de vous
» purger de ce qui ne sera pas de votre parti,
» comme vous l'avez déjà fait dans la révolu-
» tion. »

Il fallut me ressouvenir de la tâche qui m'était imposée, et de l'utilité dont ma mission pouvait être à ma patrie pour contraindre le sentiment d'indignation auquel je faillis me livrer. Je me

sentais pressé du besoin de me faire connaître sous mon véritable nom à ce misérable, et de lui demander à l'instant raison, l'épée à la main, de tout le mal qu'il osait dire et penser. Toutefois je me contins. La conversation languissait, Dracke la reprit bientôt. — « Souvenez-vous, me dit-il,
» d'appuyer sur l'idée que je donne dans une let-
» tre à votre général. Il faut promettre une aug-
» mentation de solde aux régimens sur lesquels
» vous pouvez compter. Je fournirai pendant plu-
» sieurs mois à cette dépense, et vous pourrez
» ensuite, moyennant les biens que vous confis-
» querez sur ceux qui ne sont pas de votre parti,
» y subvenir vous-mêmes. J'aurais désiré que vo-
» tre général attendit encore quelque temps, avant
» de recommencer ses premières opérations; mais
» puisqu'il croit que le moment est favorable, il
» est urgent qu'il s'empare de la place d'Hunin-
» gue; elle n'est pas éloignée du centre de vos
» opérations. Je compte m'installer à Fribourg,
» pour être à portée de vous donner des se-
» cours prompts et sûrs. Quant à la citadelle de
» Strasbourg, il n'y faut plus penser, c'est trop
» loin.

» Je crois que votre général n'aura pas manqué
» de se faire un parti puissant dans l'armée pour
» faire opérer une diversion; car sans cela B.
» pourrait vous combattre avec avantage. Il faut
» bien calculer d'avance tous les moyens qu'il a
» à vous opposer, afin de rendre tous ses efforts

» inutiles. Mais profitez, lorsqu'il en sera temps,
» du trouble où sera plongé le reste de ses parti-
» sans, écrasez-les sans pitié : la pitié n'est pas de
» saison en politique. »

M. Dracke insista beaucoup sur ce que mon général lui envoyât de suite M. Muller : « Il m'est in-
» dispensablement nécessaire ; j'en ai besoin pour
» qu'il me mette au courant, et qu'il me fasse con-
» naître ceux qui sont de votre parti, car sans cela
» je ne me trouverais pas à même de me justifier
» auprès de mon gouvernement qui voudra con-
» naître le nom des principaux personnages, lors-
» qu'il sera question de sommes aussi considéra-
» bles que celles qu'il faudra vous donner. J'in-
» siste donc pour que votre général m'envoie
» M. Muller. »

M. Dracke me remit une somme de 74,976 fr. en or. « C'est tout ce que je peux faire pour vous
» dans ce moment, me dit-il ; mais je vous adresse
» à M. Spencer-Smidt, à Stuttgard, qui vous re-
» mettra une plus forte somme. Je vous donne
» une lettre pour lui, et un passe-port, comme
» courrier d'Angleterre chargé de nos dépêches
» pour Cassel. Comme cela vous ne serez pas
» obligé de vous présenter chez l'envoyé français
» qui épie jusqu'à nos plus petites démarches.
» Vous ne direz rien du tout à Smidt de ce qui
» se passe entre nous, vous pourrez cependant sa-
» tisfaire sa curiosité sur les nouvelles de France. »

Je pris donc congé de M. Dracke le lundi 5 du

courant. Je montai dans une voiture de poste, qui me fut amenée à la porte de son hôtel à dix heures et demie du soir, et m'acheminai vers Stuttgard. J'arrivai dans cette ville le mercredi 7, à une heure et demie de l'après-midi, avec le caractère de courrier d'Angleterre. Je fus logé à l'auberge du Cor-de-chasse-d'Or; je me fis conduire, par un garçon de la maison, chez M. Spencer-Smidt, où je me fis annoncer sous le nom de Lefebvre. Il me reçut d'abord avec méfiance et l'accueil le plus froid; je lui remis la lettre de M. Dracke. Il ne m'eut pas sitôt connu, qu'il me combla d'honnêtetés, et me pria de l'excuser de ce qu'il m'avait si mal reçu. « C'est que, me dit-il, je ne suis pas
» du tout en sûreté ici, je vous assure; depuis quel-
» ques jours, je ne reçois personne que le pistolet
» à la main; je ne suis pas sur un lit de roses, tant
» s'en faut; je me regarde comme un avant-poste,
» et je vous atteste que si B. demandait à l'électeur
» de Wurtemberg mon arrestation, malgré que
» son épouse soit une princesse d'Angleterre, il me
» livrerait sans me faire prévenir; car déjà il se
» doute de ce qui m'occupe ici, et il craint que
» cela ne le compromette avec le premier con-
» sul. »

Il s'informa avec beaucoup d'intérêt des affaires de France, et il me dit que l'arrestation du duc d'Enghien l'avait fortement déconcerté, qu'il prenait une grande part au malheur de Pichegru, que l'Angleterre avait avec raison fondé de gran-

des espérances sur la mission d'un homme aussi populaire qu'habile. « Je le connaissais beaucoup,
» me répéta-t-il avec une très-forte émotion. J'é-
» tais au fait, parce que c'est le lieutenant de mon
» frère qui l'a débarqué sur la côte de France.
» J'avais même espéré qu'il parviendrait à s'échap-
» per; il n'y faut plus compter, parce qu'il paraît
» certain qu'il est arrêté. »

Il me pria instamment d'écrire une lettre, à mon passage à Strasbourg, à madame Franck, banquier, pour l'inviter à lui faire parvenir de suite toutes les lettres qu'elle aurait reçues à l'adresse du baron d'Herbert, officier allemand : « Elle pourra
» me les faire passer sous le couvert factice de
» M. Georges-Henri Keller, banquier à Stutt-
» gard. J'attache le plus grand prix à les recevoir,
» il doit y en avoir de Pichegru. » Il me pria aussi de m'informer de madame Henriette de Tromelin, dont il avait connu le mari à Constantinople; cet émigré devait être en ce moment aux environs de Brest.

Il eut l'extrême bonté de m'apprendre que son nom de guerre était Leblond, et il parut tirer vanité de la réputation d'intrigue qu'il assurait avoir donné à ce nom-là.

Ce M. Smidt a pour secrétaire M. Péricaud, secrétaire de l'ancien évêque de Seez. Cet émigré m'entretint long-temps de ses jérémiades, il me fatigua par toutes les horreurs qu'il débita sur le chef de la nation française. Il me parut fortement inquiet et agité. « M. Spencer-Smidt, me dit-il, est ministre,

» et moi, comme émigré, je n'ai rien à alléguer.
» La police de France pourrait me faire arrêter,
» comme les émigrés qu'on a enlevés à Ettenheim,
» ou comme l'évêque de Châlons dont on a ob-
» tenu l'arrestation à Munich. »

M. Dracke, M. Spencer-Smidt et M. Péricaud ne m'ont pas laissé ignorer qu'ils s'ennuieraient beaucoup à Munich et à Stuttgard, sans l'occupation que leur donnent les affaires de France. Ils se vantent de pouvoir tirer des sommes considérables sur le gouvernement anglais. « Donnez confiance
» à vos amis, me dit M. Spencer-Smidt, voilà des
» lettres de change pour 113,150 liv., je leur fe-
» rai passer ce dont ils auront besoin; mais par
» Dieu, qu'ils frappent ferme! » En prononçant ces dernières paroles, il me présenta une paire de pistolets de la manufacture d'armes de Versailles, puis il me dit : « Vous pourrez vous en servir
» avec avantage. Avec de petits amis semblables
» on ne manque jamais. » Je fus un instant à hésiter avant de les recevoir, mais enfin je sentis la nécessité de ne point quitter mon rôle et d'achever ma mission. Je me considérai comme un officier de génie ou d'artillerie, qui va, déguisé, faire une reconnaissance dans une place ennemie. Tous les masques lui sont bons, il étouffe sa sensibilité, et il ne voit que l'ordre de son général et le but de sa mission.

Il devait aussi me remettre une somme en or; tout était arrangé pour cela; mais au moment où il allait me la donner, il reçut le journal de Manheim, et dans ce journal on lisait un extrait du Moniteur et la correspondance de M. Dracke. M. Smidt hésita, et je me gardai bien d'insister.

J'étais encore chez M. Smidt lorsqu'un nommé Lunhard, émigré à la solde de l'Angleterre, vint demander, au nom de ses camarades éplorés, secours et protection: « On ne veut plus nous souf-
» frir dans l'électorat de Bade; on nous chasse de
» partout, et nous ne savons bientôt plus où nous
» réfugier. »

Le ministre anglais crut, pendant quelques instans, que c'était un agent français, envoyé par la police, avec des papiers trouvés sur des personnes arrêtées, qui venait le confesser et tirer de lui quelques éclaircissemens.

Je ne pus m'empêcher de lui dire, en riant, qu'il devait se tenir en garde contre de pareils émissaires, et qu'il était vraisemblable que la police de Strasbourg lui en enverrait dont il ne se défierait pas. « Oh, dit-il, je n'en suis pas à mes
» preuves et je les attends de pied ferme. »

Ce sont absolument les expressions dont se sont servis les ministres d'Angleterre dans ma conversation sur eux.

Je pris congé de M. Spencer-Smidt le 9 du courant, il m'envoya chercher des chevaux de poste qui me furent amenés par un de ses domestiques, et attelés à ma chaise à quatre heures après midi;

je fus rendu à Strasbourg le lendemain 10, et continuai ma route pour Paris où j'arrivai le 14.

J'essaierais vainement de peindre les sentimens de haine et la fureur dont ces monstres sont animés contre notre patrie. Ils ne respirent que pour nous voir armés les uns contre les autres. Il n'est pas de métier vil ou atroce dont ils ne soient capables : mais, en même temps, il serait difficile de trouver des gens plus lâches. L'ombre d'un brave homme les ferait rentrer sous terre. Ils passent leur vie à tramer des complots, et, par un effet naturel et une juste punition du crime, ils se croient sans cesse environnés d'embûches et de dangers. Soit que, dans ces cours amies de la France, et qui ont des obligations si essentielles au premier consul, on ne les voie pas d'un œil favorable, soit qu'ils aient été devinés par les habitans des villes où ils résident, et qu'ils s'aperçoivent que l'opinion leur est contraire; soit, enfin, qu'une voix intérieure leur dise sans cesse que l'homme qui ne respecte rien n'a droit à aucun respect; ils ont l'air courbé sous le poids du mépris public, et déjà flétris de l'opprobre ineffaçable qui doit s'attacher à leurs noms.

Signé Rosey,
Adjudant-major au 9ᵉ régiment de ligne.

N° 14.

(N. 6. Chez M. Boileau, notaire.)

Lettre du ministre de la guerre au général commandant la cinquième division.

Paris, le 20 ventose an XII de la république
(11 mars 1804).

Je vous préviens, citoyen général, que le général Ordener et le général Caulaincourt se rendent à Strasbourg, pour des missions très-importantes. Je vous ordonne, sous votre propre responsabilité, d'adhérer à toutes les demandes qui vous seront faites par le général Ordener et le général Caulaincourt, à l'effet de remplir la mission dont ils sont chargés. Ils vous feront connaître leurs instructions en ce qui vous concerne. Vous prescrirez à l'ordonnateur d'adhérer également à toutes les demandes qu'ils feront pour les vivres.

Vous donnerez les ordres pour les mouvemens des troupes, pour l'artillerie et les bateaux.

Signé Alex. Berthier.

N° 15.

(N. 7. Chez M. Boileau, notaire.)

Lettre du duc de Vicence à M. le comte Leval, lieutenant-général.

5 mars 1820.

Monsieur le comte,

La mission dont le premier consul me chargea à Strasbourg en l'an XII, m'ayant mis dans des rapports directs avec vous, en votre qualité de commandant de la cinquième division militaire, je réclame de votre loyauté que vous veuillez déclarer si les ordres que vous reçûtes à mon égard, ou que je fus dans le cas de vous communiquer, eurent trait en aucune manière à l'expédition d'Ettenheim, contre M. le duc d'Enghien, et enfin s'il n'est pas à votre connaissance que je passai la nuit et la matinée du 24 ventose avec vous, tant à Wilstadt que sur la route d'Offenbourg, pendant qu'un détachement y enlevait madame la baronne de Reich et quelques Français émigrés, en vertu de l'ordre que j'en avais reçu du gouvernement.

J'ai l'honneur d'être avec une haute considération, etc.

Signé le duc de VICENCE.

N° 16.

(N. 8. Chez M. Boileau, notaire.)

Lettre du général Leval à M. le duc de Vicence.

Monsieur le Duc,

Je ne fais que rendre hommage à la vérité, en attestant que les ordres que je reçus, et qui me mirent dans le cas de vous accompagner dans l'expédition d'Offenbourg dont vous étiez chargé par le gouvernement, ne faisaient aucune mention de celle d'Ettenheim, pour laquelle je dus mettre des officiers et des troupes à la disposition d'un autre officier-général, sans que le but m'en fût indiqué. Quant à votre présence à Wilstadt, et sur la route d'Offenbourg, la nuit du 23 au 24 ventose an XII, et pendant une partie de la journée, je puis d'autant mieux l'attester que je ne vous quittai pas. J'éprouve une véritable satisfaction de pouvoir opposer ce témoignage à tant de calomnies, et je saisis avec empressement cette occasion de vous offrir, monsieur le Duc, l'assurance de ma haute considération.

Le lieutenant-général,

Signé le comte LEVAL.

Paris, 7 mars 1820.

N° 17.

(N. 9. Chez M. Boileau, notaire.)

Lettre du duc de Vicence à M. de Roussel, officier émigré à l'armée de Condé.

Calomnié depuis des années, j'apprends, Monsieur, que vous vous trouviez à Wilstadt, lorsque MM. les comtes de Mellet, ancien officier des gardes-du-corps, de La Saullay, cordon rouge, et autres Français émigrés y furent conduits, après avoir été arrêtés à Offenbourg, dans la nuit du 23 au 24 ventose an XII, pendant que MM. les généraux Ordener et Fririon faisaient enlever M. le duc d'Enghien à Ettenheim. Comme vous avez été à portée de me voir cette nuit même et le matin à Wilstadt et sur la route d'Offenbourg avec M. le lieutenant-général Leval, commandant à Strasbourg, j'attends de votre impartialité que vous le déclariez d'une manière précise, soit par une lettre, soit devant un notaire.

Recevez, Monsieur, l'assurance de ma considération distinguée.

Paris, le 19 décembre 1819.

N° 18.

(N. 10. Chez M. Boileau, notaire.)

Lettre de M. de Roussel, officier supérieur émigré, à M. le duc de Vicence.

Je remplis mon devoir, Monsieur le duc, en répondant à la lettre que vous m'avez adressée le 19 du courant, et en déclarant de la manière la plus positive,

1°. Que j'étais à Wilstadt la nuit du 23 au 24 ventose an XII, et que j'y habitais depuis deux ans.

2°. Que je vous ai vu à Wilstadt avec M. le général Leval, commandant la division de Strasbourg, accompagné d'un corps de troupes françaises, dont un détachement avait été enlever à Offenbourg la baronne de Reich, et plusieurs Français émigrés comme moi.

3°. Que dans ce nombre, MM. les comtes de Mellet, de La Saullay et autres, furent mis sur-le-champ en liberté, et que je leur ai entendu dire qu'ils vous la devaient.

4°. Je puis ajouter qu'ayant été envoyé le lendemain par M. de La Saullay pour chercher après MM. le marquis de Mauroy et de Mussey, pour les instruire de ce qui s'était passé à Offenbourg, je les trouvai à Schramberg d'où ils ont immédiatement écrit à monseigneur l'archevêque de Reims et à M. le duc de Damas, pour prévenir de Roi de ce qui s'était passé, et que vous étiez désigné dans leurs lettres, comme ayant été chargé de l'expédition d'Offenbourg, ce que je puis attester, ces MM. m'ayant fait l'honneur de lire devant moi leurs lettres qu'ils me confièrent pour les mettre à Offenbourg à la poste pour Varsovie.

Si la mort n'avait pas moissonné ces fidèles serviteurs des Bourbons, je ne doute pas qu'ils s'empresseraient de rendre, comme je le fais, hommage à la vérité.

Je suis avec respect, etc.

Signé DE ROUSSEL,
Chevalier de Saint-Louis, chef de bataillon.

Paris, le 21 décembre 1819.

N° 19.

(N. 11. Chez M. Boileau, notaire.)

Moniteur du 13 pluviose an XIII (2 février 1805).

Par décret du 12 pluviose an XIII, sont nommés généraux de division, les généraux de brigade (1):

MM. Mathieu Dumas, Lacuée, Quesnot, Travot, Musnier, Caffarelli, Broussier, Lacoste, Lauriston, Saligny, Girardon, Léopold Berthier, * *Caulaincourt*, Seras, Bisson, Savary, Nogué, Espagne, Mermet, chevalier Grand-Jean, Faultrier (pour l'artillerie), Lévy (pour le génie).

---

(1) Un quart des généraux de cette promotion sont moins anciens de rang de colonel et de service que M. de Caulaincourt.

N° 20.

(N. 12. Chez M. Boileau, notaire.)

Décret.

Par décret du 12 pluviose an XIII, le grand cordon de la Légion d'honneur est décerné :

A l'archichancelier de l'empire,

A l'architrésorier,

A l'archichancelier d'État,

Au grand-amiral,

Et aux grands officiers dont les noms suivent :

Augereau, Barbé-Marbois, Baraguay d'Hilliers, Bernadotte, Berthier, Bessières, Bruix, Brune, Cambacérès, *Caulaincourt*, grand-écuyer, Champagny, Davoust, de Belloy, Decrès, Dejean, Duroc, Fesch, Fouché, Gantheaume, Gaudin, Gouvion Saint-Cyr, Jourdan, Junot, Kellermann, Lacepède, Lannes, Lefebvre, Maret., Marescot, Marmont, Masséna, Moncey, Mortier, Ney, Pérignon, Portalis, Reynier, Ségur, Serrurier, Songis, Soult, Talleyrand, Villaret-Joyeuse.

N° 21.

(N. 13. Chez M. Boileau, notaire.)

Décret.

Par décret du 12 pluviose an XIII, sont nommés grands-officiers de la Légion d'honneur :

MM. Caulaincourt, grand-écuyer; Ségur, grand-maître des cérémonies.

N° 22.

(N. 14. Chez M. Boileau, notaire.)

Lettre de M. le comte de La Vieuville à M. le duc de Vicence.

Monsieur le duc,

Vous me connaissez assez pour croire que je n'ai pas hésité à satisfaire à votre demande, en écrivant de suite à M. le duc de Richelieu et à monseigneur le garde des sceaux, que, d'après la demande que vous m'aviez faite, j'affirmais que le journal des Débats du 2 de ce mois contenait une assertion calomnieuse contre vous, puisque je vous avais vu le 20 mars 1804, vers les neuf heures du soir, à Lunéville, peu d'heures avant la mort du duc d'Enghien.

Que je croyais devoir cette déclaration au ministre du roi comme un hommage rendu à la vérité.

Agréez, je vous prie, Monsieur le duc, l'assurance de ma haute considération.

Signé le comte DE LA VIEUVILLE,
préfet de l'Allier.

Paris, le 28 mars 1816.

N° 23.

(N. 15, Chez M. Boileau, notaire.)

Lettre de M. le baron de Berckheim, lieutenant-général des armées du roi, député du Haut-Rhin, à M. le duc de Richelieu et à M. le garde des sceaux.

Paris, le 29 mars 1816.

Monsieur le duc,

Interpellé par M. de Caulaincourt, duc de Vicence, de déclarer ce que je pouvais savoir sur sa présence à Lunéville le 20 mars 1804, je certifie l'avoir vu dans cette ville ledit jour, entre onze heures et minuit, étant alors officier dans le 2ᵉ régiment des carabiniers dont M. Caulaincourt avait été précédemment colonel.

L'assertion contenue dans le journal des Débats du 23 de ce mois est donc calomnieuse, et je dois attester ce fait comme exactement conforme à la vérité.

J'ai l'honneur, etc.

Signé le général BERCKHEIM.

PIÈCES.

N° 24.

(N. 16. Chez M. Boileau, notaire.)

Lettre de S. Ex. le garde des sceaux à M. le baron de Berckheim, lieutenant-général, député du Haut-Rhin.

Paris, le 29 mars 1816.

Monsieur le baron,

J'ai reçu la lettre que vous m'avez fait l'honneur de m'écrire le 27 de ce mois. Il sera fait toute attention au fait dont vous rendez témoignage si les circonstances le rendent nécessaire.

Agréez, Monsieur, l'assurance de ma considération très-distinguée.

Le garde des sceaux, ministre secrétaire d'État,

Signé MARBOIS.

Même lettre à M. le comte de la Vieuville, préfet de l'Allier.

N° 25.

(N. 17. Chez M. Boileau, notaire.)

Lettre de M. Guérin, capitaine en retraite, à M. le duc de Vicence.

Monsieur le duc,

Je me fais un devoir de rendre hommage à la vérité, en déclarant que le journal des Débats du

23 de ce mois contient une assertion calomnieuse contre vous, puisque je vous ai vu, le 20 mars 1804 au soir, à Lunéville, où vous avez soupé, et d'où vous n'êtes reparti que fort avant dans la nuit.

C'est dans ces sentimens, Monseigneur, que je vous prie d'agréer le profond respect avec lequel j'ai l'honneur d'être

Votre très-humble et très-obéissant serviteur,

Signé F. L. GUÉRIN,

ancien capitaine de carabiniers, membre de la légion d'honneur.

Angers, le 29 mars 1816.

N° 26.

(N. 18. Chez M. Boileau, notaire.)

L'an mil huit cent seize, le mardi neuf avril, heure de midi, pardevant Mᵉ. Henri-Simon Boulard, et son collègue, notaires à la résidence de Paris, soussignés, et en l'étude dudit Mᵉ Boulard.

Est comparue madame Adrienne-Hervey-Louise de Carbonnel de Canisy, épouse séparée quant aux biens de M. Armand-Augustin-Louis de Caulaincourt, duc de Vicence, demeurant à Paris, rue Joubert, n° 41.

Laquelle a exposé aux notaires soussignés, que par exploit de Lascour, huissier à Paris, en date du six avril présent mois, enregistré, le Brevet original duquel exploit est demeuré annexé à la minute des présentes, après que dessus mention de son annexe a été faite par les notaires soussignés; elle a fait citer MM. Charles Nodier, demeurant à Paris, rue Saint-Lazare, n° 33, et Bugnet, demeurant à Paris, rue Jacob, n° 9, à l'effet de comparaître cejourd'hui et heure, en l'étude et par devant ledit M. Boulard, pour y déclarer tout ce qui est à leur connaissance au sujet d'une calomnie hasardée en leur présence, et dans la maison de M. Nodier, l'un d'eux, dans le cours du mois de mars mil huit cent quatorze, par un gendarme d'élite qui disait se nommer Grison, et demeurant alors à Vaugirard, ladite calomnie dirigée contre M. le duc de Vicence, son mari.

Et a requis lesdits notaires de lui donner acte de ses dires et comparution, et dans le cas où lesdits sieurs Nodier et Bugnet ne comparaîtraient pas, ni personne pour eux, d'en dresser procès-verbal et de donner défaut contre eux.

Et a ladite dame signé, lecture faite, sous toutes réserves, en pareil endroit de la minute des présentes.

Est à l'instant intervenu M. Emanuel-Charles de Nodier, homme de lettres ci-dessus dénommé, et domicilié.

Lequel a dit, qu'il comparaît au désir de la sommation qui lui a été faite par madame la duchesse de Vicence, et a rapporté les faits suivans:

Vers le mois de mai 1814, le journal des Débats présenta une courte justification de M. de Caulaincourt, relativement à l'arrestation de monseigneur le duc d'Enghien. Cet article m'était tout-à-fait étranger. Deux ou trois jours après, je reçus une lettre signée d'un ancien gendarme, nommé, je crois, Grison, et qui demeurait à Vaugirard. Cet homme m'annonçait des preuves claires de la part que M. de Caulaincourt avait dû prendre, non-seulement à l'arrestation, mais au jugement du duc d'Enghien. Occupé alors d'un ouvrage historique sur cet événement, qui n'est point encore terminé, je fus curieux de ces renseignemens, et je me rendis chez Grison avec M. Bugnet, mon ami, et un tiers actuellement absent de Paris, et que je ne me crois pas autorisé à nommer. La présence de trois personnes animées d'un esprit d'investigation dont il ne pénétrait pas le motif, parut jeter quelque trouble dans l'esprit de Grison. Il répondit à mes questions avec une incertitude sensible, et le vague de son récit nous laissa tous trois dans la persuasion qu'il n'était pas sûr des faits, et même qu'il les avait controuvés; il est difficile de bien déterminer les circonstances d'ailleurs très-fugitives qui nous firent tirer cette conséquence de sa narration. Je me rappelle cependant, qu'entre autres hésitations, il avait fait jouer à M. de Caulaincourt le rôle de juge, et qu'il parut surpris quand nous lui dîmes qu'on n'avait jamais supposé que M. de Caulaincourt eût figuré à ce titre dans cette affaire. Son anxiété s'augmentait à mesure qu'il était pressé de nos questions; il nous dit enfin que ces détails n'étaient pas présens à sa mémoire, qu'il avait besoin de se *recorder* et de consulter deux de ses amis, M. le comte de...... et un autre. Nous le laissâmes, et la seule envie de confirmer ma conviction déjà formée, me détermina à le revoir deux ou trois jours après avec M. Bugnet. Ses doutes nous parurent plus manifestés, son histoire avait changé de forme, et elle péchait tellement par les premiers élémens, qu'il ne nous parut pas même avoir une idée exacte du physique de M. de Caulaincourt que nous connaissions l'un et l'autre de vue. Enfin Grison se rendit à son tour chez moi. Je dînais avec ma femme et ma nièce; il était fort échauffé par la marche. Je lui offris du vin, puis du café, et je cherchai à obtenir de lui une expansion entière. Sur mes instances de me dire expressément la vérité dont j'avais besoin, il s'émut au dernier degré, rougit, se déconcerta, et me dit avec abandon : « Eh bien ! » monsieur, ce n'était pas lui, c'était son frère, » son cousin, quelqu'un dont le nom ressemblait » beaucoup à celui-là. J'étais trop bouleversé pour » bien entendre. » Après ces derniers mots, il s'en alla assez confus. Je ne l'ai jamais revu depuis. Je dois ajouter qu'il parlait vaguement d'un autre gendarme qui attesterait les mêmes faits, mais qu'il avait perdu de vue. A la lecture des derniers journaux, j'ai cru reconnaître le nom de ce gendarme dans le nombre des témoins de l'exhumation de Monseigneur le duc d'Enghien ; mais cette notion est si douteuse que je ne la donne que pour ce qu'elle vaut, pour une réminiscence très-hasardée, et que j'ai recueillie seulement pour ne rien oublier de ce qu'on peut avoir intérêt de savoir.

Et a signé après lecture faite en pareil endroit de la minute des présentes.

Est aussi comparu M. Benoît Bugnet, ancien sous-préfet à Charolles, chevalier de l'ordre royal de la Légion d'honneur, demeurant à Paris, rue Jacob, n° 9.

Lequel a dit qu'il comparaît au désir de la sommation qui lui a été faite par madame la duchesse de Vicence, et a rapporté les faits suivans, que dans le courant du mois de mai mil huit cent quatorze, se trouvant chez M. Charles de Nodier, son ami, celui-ci lui montra une lettre qu'il venait de recevoir d'un ex-maréchal-des-logis de la gendarmerie d'élite, et dans laquelle on lui offrait de lui fournir des preuves non équivoques que M. le duc de Vicence, non-seulement avait tort de vouloir se justifier de l'arrestation de monseigneur le duc d'Enghien, mais qui prouvaient même qu'il avait assisté au jugement. Curieux de savoir à quoi s'en tenir, il me proposa de l'accompagner chez ce maréchal-des-logis qui se nommait Grison, et demeurait à Vaugirard : j'acceptai, et nous nous y rendîmes avec une tierce personne actuellement absente de Paris, et dont je ne me crois pas autorisé à dire le nom.

Arrivés chez cet homme, nous lui fîmes plusieurs questions, notamment s'il connaissait bien M. le duc de Vicence, et s'il était sûr de l'avoir vu le jour de l'exécution de Monseigneur le duc d'Enghien.

Il nous répondit qu'il le connaissait parfaitement; que se trouvant au nombre des gendarmes chargés d'assister à l'exécution, il était bien certain de ne s'être pas trompé.

Feignant alors nous-mêmes de n'avoir jamais vu M. le duc de Vicence, nous lui demandâmes quelques renseignemens sur son physique; alors Grison tergiversa, et le portrait qu'il nous en fit contrastait tellement avec la personne de M. de Caulaincourt, que nous restâmes persuadés que cet homme ne l'avait jamais même vu.

Il s'aperçut que nous doutions de la vérité de son récit, et alors se troublant de plus en plus, n'affirma plus aussi positivement qu'il l'avait vu, mettant sur le trouble dont il était agité l'incertitude qu'il nous témoignait.

Enfin nous sûmes, dans la suite de la conversation, que M. le comte un tel le soutiendrait, et qu'au reste s'il avait l'air d'en vouloir à M. de Caulaincourt, ce n'était point sans raison, vu que c'était lui qui l'avait fait chasser de la gendarmerie d'élite.

Quelques jours après, nous le revîmes, M. Nodier et moi, et dans cette nouvelle conversation, le sieur Grison ne se montra plus sûr de rien; il avoua même qu'il serait possible qu'il se fût trompé, et nous laissa convaincus qu'il n'était qu'un misérable calomniateur; mais qu'il ne poursuivrait point sa calomnie, qui, au reste, me parut si absurde que depuis nous n'y songeâmes plus.

Je dois dire que ce Grison nous nomma deux de ses camarades, qui, disait-il, étaient prêts à soutenir son dire; mais leurs noms me sont absolument échappés.

Telle est la vérité du fait sur lequel madame la duchesse de Vicence m'a requis de déclarer ce qui est à ma connaissance.

Et a signé, lecture faite, en pareil endroit de la minute des présentes.

De tout ce que dessus a été dressé le présent procès-verbal qui a été clos à Paris en l'étude les dits jour et an, et que madite dame duchesse de Vicence a signé avec le notaire, lecture faite de la minute des présentes demeurées audit Me Boulard.

En marge est écrit : enregistré à Paris le 11 avril 1816, fol. 21. v. case 1. reçu 1 fr. 10 cent.

Signé JACOTOT.

Signé sur l'expédition BOULARD et MOISSANT.

N° 27.

Lettre du premier consul au ministre de la guerre.

(Mémoires de Napoléon, tome 5.)

Paris, le 19 ventose an XII (10 mars 1804).

Vous voudrez bien, citoyen général, donner ordre au général Ordener, que je mets à cet effet à votre disposition, de se rendre dans la nuit en poste à Strasbourg. Il voyagera sous un autre nom que le sien ; il verra le général de la division.

Le but de sa mission est de se porter sur Ettenheim, de cerner la ville, d'y enlever le duc d'Enghien, Dumouriez, un colonel anglais et tout autre individu qui serait à leur suite. Le général de la division, le maréchal-des-logis de gendarmerie qui a été reconnaître Ettenheim, ainsi que le commissaire de police, lui donneront tous les renseignemens nécessaires.

Vous ordonnerez au général Ordener de faire partir de Schelestadt trois cents hommes du 26ᵉ de dragons, qui se rendront à Rheinau, où ils arriveront à 8 heures du soir.

Le commandant de la division enverra quinze pontonniers à Rheinau, qui arriveront également à 8 heures du soir, et qui, à cet effet, partiront en poste ou sur les chevaux de l'artillerie légère. Indépendamment du bac, il se sera déjà assuré qu'il y ait là quatre ou cinq grands bateaux, de manière à pouvoir faire passer d'un seul voyage trois cents chevaux.

Les troupes prendront du pain pour quatre jours et se muniront de cartouches. Le général de la division y joindra un capitaine ou officier, et un lieutenant de gendarmerie, et trois ou quatre (trentaines) brigades de gendarmerie.

Dès que le général Ordener aura passé le Rhin, il se dirigera droit à Ettenheim, marchera droit à la maison du Duc et à celle de Dumouriez ; après cette expédition terminée, il fera son retour sur Strasbourg.

En passant à Lunéville, le général Ordener donnera ordre que l'officier des carabiniers qui a commandé le dépôt à Ettenheim, se rende à Strasbourg en poste, pour y attendre ses ordres.

Le général Ordener, arrivé à Strasbourg, fera partir bien secrètement deux agens soit civils, soit militaires, et s'entendra avec eux pour qu'ils viennent à sa rencontre.

Vous donnerez ordre pour que le même jour et à la même heure, deux cents hommes du 26e de dragons, sous les ordres du général Caulaincourt (auquel vous donnerez des ordres en conséquence), se rendent à Offenbourg, pour y cerner la ville et arrêter la baronne de Reich, si elle n'a pas été prise à Strasbourg, et autres agens du gouvernement anglais, dont le préfet et le citoyen Méhée, actuellement à Strasbourg, lui donneront les renseignemens.

D'Offenbourg, le général Caulaincourt dirigera des patrouilles sur Ettenheim, jusqu'à ce qu'il ait appris que le général Ordener a réussi. Ils se prêteront des secours mutuels.

Dans le même temps, le général de la division fera passer trois cents hommes de cavalerie à Kelh, avec quatre pièces d'artillerie légère, et enverra un poste de cavalerie légère à Wilstadt, point intermédiaire entre les deux routes.

Les deux généraux auront soin que la plus grande discipline règne, que les troupes n'exigent rien des habitans; vous leur ferez donner à cet effet douze mille francs.

S'il arrivait qu'ils ne pussent pas remplir leur mission, et qu'ils eussent l'espoir, en séjournant trois ou quatre jours et en faisant des patrouilles, de réussir, ils sont autorisés à le faire.

Ils feront connaître aux baillis des deux villes, que s'ils continuent de donner asile aux ennemis de la France, ils s'attireront de grands malheurs.

Vous ordonnerez que le commandant de Neuf-Brissac fasse passer cent hommes sur la rive droite avec deux pièces de canon.

Les postes de Kelh, ainsi que ceux de la rive droite, seront évacués dès l'instant que les deux détachemens auront fait leur retour.

Le général Caulaincourt aura avec lui une trentaine de gendarmes; du reste, le général Caulaincourt, le général Ordener, et le général de la division tiendront un conseil, et feront les changemens qu'ils croiront convenables aux présentes dispositions.

S'il arrivait qu'il n'y eût plus à Ettenheim, ni Dumouriez, ni le duc d'Enghien, on rendrait compte par un courrier extraordinaire de l'état des choses.

Vous ordonnerez de faire arrêter le maître de poste de Kelh et autres individus qui pourraient donner des renseignemens sur cela.

Signé BONAPARTE.

N° 28.

Ordre du ministre de la guerre au général Ordener.

(Mémoires de Napoléon, T. v.)

Paris, le 20 ventose an XII (11 mars 1804).

En conséquence des dispositions du gouvernement qui met le général Ordener à celle du ministre de la guerre, il lui est ordonné de partir de Paris en poste aussitôt après la réception du présent ordre, pour se rendre le plus rapidement possible, et sans s'arrêter un instant, à Strasbourg. Il voyagera sous un autre nom que le sien. Arrivé à Strasbourg, il verra le général de la division. *Le but de la mission est de se porter sur Ettenheim, de cerner la ville, d'y enlever le duc d'Enghien, Dumouriez,* un colonel anglais, et tout autre individu qui serait à leur suite. Le général commandant la 5ᵉ division, le maréchal-des-logis qui a été reconnaître Ettenheim, ainsi que le commissaire de police, lui donneront tous les renseignemens nécessaires.

Le général Ordener donnera ordre de faire partir de Schelestadt, trois cents hommes du 26ᵉ de dragons qui se rendront à Rheinau où ils arriveront à huit heures du soir. Le commandant de la 5ᵉ division enverra quinze pontonniers à Rheinau, qui y arriveront également à huit heures du soir, et qui, à cet effet, partiront en poste sur les chevaux d'artillerie légère. Indépendamment du bac, il se sera assuré qu'il y ait là quatre ou cinq grands bateaux, de manière à pouvoir passer d'un seul voyage trois cents chevaux. Les troupes prendront du pain pour quatre jours, et se muniront d'une quantité de cartouches suffisante. Le général de la division y joindra un capitaine, un lieutenant de gendarmerie et une trentaine de gendarmes. Dès que le général Ordener aura passé le Rhin, *il se dirigera droit à Ettenheim, marchera droit à la maison du duc d'Enghien* et à celle de *Dumouriez*. Après cette expédition terminée, il fera son retour sur Strasbourg. En passant à Lunéville, le général Ordener donnera ordre que l'officier de carabiniers, qui aura commandé le dépôt à Ettenheim, se rende à Strasbourg en poste pour y attendre ses ordres. Le général Ordener, arrivé à Strasbourg, fera partir bien secrètement deux agens soit civils, soit militaires, et s'entendra avec eux pour qu'ils viennent à sa rencontre. Le général Ordener est prévenu que le général Caulaincourt doit partir avec lui pour agir de son côté. Le général Ordener aura soin que la plus grande discipline règne, que les troupes n'exigent rien des habitans. S'il arrivait que le général Ordener ne pût pas remplir sa mission, et qu'il eût l'espoir, en séjournant trois ou quatre jours, et en faisant faire des patrouilles, de réussir, il est autorisé à le faire. Il fera connaître au bailli de la ville, que s'il continue à donner asile aux ennemis de la France il s'attirera de grands malheurs. Il donnera l'ordre au commandant de Neuf-Brissac de faire passer cent hommes sur la rive droite du Rhin, avec deux pièces de canon. Les postes de Kelh, ainsi que ceux de la rive droite, seront évacués aussitôt que les deux détachemens auront fait leur retour.

Le général Ordener, le général Caulaincourt, le général commandant la 5ᵉ division, tiendront conseil, et feront les changemens qu'ils croiront convenables aux présentes dispositions. S'il arrivait qu'il n'y eût plus à Ettenheim, ni Dumouriez, ni le duc d'Enghien, le général Ordener me rendra compte par un courrier extraordinaire de l'état des choses, et il attendra de nouveaux ordres. Le général Ordener requerra le commandant de la 5ᵉ division de faire arrêter le maître de poste de Kelh, et les autres individus qui pourraient donner des renseignemens.

Je remets au général Ordener une somme de douze mille francs pour lui et le général Caulaincourt. Vous demanderez au général commandant la 5ᵉ division militaire que, dans le temps où vous et le général Caulaincourt ferez votre expédition, il fasse passer trois cents hommes de cavalerie à Kelh avec quatre pièces d'artillerie légère. Il enverra aussi un poste de cavalerie légère à Wilstadt, point intermédiaire entre les deux routes.

Signé, Alex. BERTHIER.

N° 29.

Rapport fait par le citoyen Charlot, chef du 38ᵉ escadron de gendarmerie nationale, au général Moncey, premier inspecteur général de la gendarmerie, du 24 ventose an XII (15 mars 1804).

(Mémoires de Napoléon, tome 5.)

Mon général,

Il y a deux heures que je suis rentré en cette ville de l'expédition sur Ettenheim (électorat de Baden), où j'ai enlevé, sous les ordres des généraux Ordener et Fririon, avec un détachement de gendarmerie et une partie du 22ᵉ de dragons,

Les personnages dont les noms suivent :

1°. Louis-Antoine-Henri de Bourbon, duc d'Enghien ;

2°. Le général marquis de Thumery ;

3°. Le colonel baron de Grunstein ;

4°. Le lieutenant Schmidt ;

5°. L'abbé Wemborn, ancien promoteur de l'évêché de Strasbourg ;

6°. L'abbé Michel, secrétaire de l'évêché de Strasbourg (outre Rhin) et secrétaire de l'abbé Wemborn ; ce dernier est français nommé Wemborn ;

7°. Un mommé Jacques, secrétaire du duc d'Enghien ;

8°. Ferrand (Simon) valet de chambre du duc ;

9°. Poulain (Pierre), domestique du duc ;

10°. Joseph Canon, *idem.*

Le général Dumouriez, qu'on disait être logé avec le colonel Grunstein, n'est autre chose que le marquis de Thumery, désigné ci-dessus, et qui occupait une chambre au rez-de-chaussée, dans la même maison qu'habitait le colonel Grunstein, que j'ai arrêté chez le duc où il avait couché. Si j'ai aujourd'hui l'honneur de vous écrire, c'est à ce dernier que je le dois. Le duc ayant été prévenu qu'on cernait son logement, sauta sur un fusil à deux coups, et me coucha en joue au moment où je sommais plusieurs personnes, qui étaient aux fenêtres du duc, de me faire ouvrir, ou que j'allais de vive force enlever le duc; le colonel Grunstein l'empêcha de faire feu en lui disant : « Mon- » seigneur, vous êtes-vous compromis? »—Ce dernier lui ayant répondu négativement: — « Eh » bien! lui dit Grunstein, toute résistance devient »'inutile; nous sommes cernés, et j'aperçois beau- » coup de baïonnettes; il paraît que c'est le com- » mandant : songez qu'en le tuant, vous vous per- » driez et nous aussi. » Je me rappelle fort bien d'avoir entendu dire : *c'est le commandant ;* mais j'étais loin de penser que j'étais sur le point de finir, ainsi que le duc me l'a déclaré et me le répéta encore. Au moment de l'arrestation du duc, j'entends crier : *au feu* (médiocre allemand)! Je me porte sur-le-champ à la maison où je comptais enlever *Dumouriez*; et, chemin faisant, j'entends sur divers points répéter le cri : *au feu!* J'empêche un individu de se porter vers l'église, probablement pour y sonner le tocsin, et je rassure en même temps les habitans du lieu qui sortaient de leurs maisons, tout effarés, en leur disant : *c'est convenu avec votre souverain*, assurance que j'avais déjà donnée à son grand veneur, qui, aux premiers cris, s'était porté vers le logement du duc. Arrivé à la maison où je comptais enlever Dumouriez, j'ai arrêté le marquis de Thumery. Je l'ai trouvée dans un calme qui m'a rassuré, et investie telle que je l'avais laissée avant de me transporter chez le duc.

Les autres arrestations ont été opérées sans bruit, et j'ai pris des renseignemens pour savoir si Dumouriez avait paru à Ettenheim ; on m'a assuré que non ; et je présume qu'on ne l'y a supposé, qu'en confondant son nom avec celui du général Thumery.

Demain je m'occuperai des papiers que j'ai enlevés à la hâte chez les prisonniers ; et j'aurai ensuite l'honneur de vous en faire mon rapport. Je ne puis trop donner d'éloges à la conduite ferme et distinguée du maréchal-des-logis Pfersdorff dans cette circonstance ; c'est lui que j'ai envoyé la veille à Ettenheim, et qui m'a désigné le logement de nos prisonniers ; c'est lui qui a placé en ma présence toutes les védettes aux issues des maisons qu'ils occupaient, et qu'il avait reconnues la veille. Au moment où je sommais le duc de se rendre mon prisonnier, Pfersdorff, à la tête de quelques gendarmes et dragons du 22⁰ régiment, pénétrait dans la maison par le derrière, en franchissant les murs de la cour : ce sont ceux qui ont été aperçus par le colonel Grunstein, ce qui a déterminé ce dernier à empêcher le duc de faire feu sur moi. Je vous demande, mon général, le brevet de lieutenant pour le maréchal-des-logis Pfersdorff, à l'emploi duquel il a été proposé à la dernière revue de l'inspecteur-général Virion. Il est, sous tous les rapports, susceptible d'être porté à ce grade. Les généraux Ordener et Caulaincourt vous parleront de ce sous-officier, et ce qu'ils vous diront sur son compte, me fait espérer que vous prendrez, mon général, en sérieuse considération la demande que je vous fais en sa faveur. J'ai à ajouter que ce sous-officier m'a rendu compte qu'il avait été particulièrement secondé par le gendarme Henn (brigade de Barr). Pfersdorff parlant plusieurs langues, je souhaiterais que son avancement ne l'enlevât point à l'escadron.

Le duc d'Enghien m'a assuré que Dumouriez n'était point venu à Ettenheim; qu'il serait cependant possible qu'il eût été chargé de lui apporter des instructions de l'Angleterre; mais qu'il ne l'aurait pas reçu, parce qu'il était au-dessous de son rang d'avoir affaire à de pareilles gens; qu'il estimait Bonaparte comme un grand homme, mais qu'étant prince de la famille Bourbon, il lui avait voué une haine implacable ainsi qu'aux Français, auxquels il ferait la guerre dans toutes les occasions.

Il craint extrêmement d'être conduit à Paris, et je

crois que pour l'y conduire, il faudra établir sur lui une grande surveillance. Il attend que le premier consul le fera enfermer, et dit qu'il se repent de n'avoir pas tiré sur moi, ce qui aurait décidé de son sort par les armes.

Le chef du 38ᵉ escadron de gendarmerie nationale,

Signé CHARLOT.

N° 30.

Lettre du général Ordener au premier consul.

(Mémoires de Napoléon, tome 5.)

Strasbourg, le 24 ventose an XII (15 mars 1804).

J'ai l'honneur de vous adresser, mon général, le procès-verbal et les papiers qui ont été saisis chez le duc d'Enghien. A mesure que ceux des autres individus seront vérifiés, le général Caulaincourt vous les fera passer. Quoique *ma mission* soit remplie, j'attendrai vos ordres pour mon retour à Paris.

Je vous salue respectueusement,

Signé ORDENER.

CORRESPONDANCE

DE

MONSIEUR LE DUC DALBERG.

―――○○―――

A monsieur le prince de Talleyrand.

Château de Herrnsheim, près Worms, ancien département du Mont-Tonnerre, le 13 novembre 1823.

Mon prince,

M. de Rovigo attend donc de bien grandes faveurs pour avoir lancé dans le monde un aussi infâme libelle. Je le reçois ici à cent cinquante lieues de Paris. Il me désigne dans une note, elle renferme autant de faussetés que de phrases. J'ai les minutes de ma correspondance officielle avec la cour de Baden, elles suffiraient pour confondre d'aussi absurdes et d'aussi perfides insinuations, faites pour plaire je ne sais à qui?

Je dois attendre de vous, mon prince, la déclaration qu'à l'époque de ce drame, je me tenais très-éloigné, comme je le devais, du ministère français; mes rapports plus particuliers avec vous et dont je m'honore, datent de la Pologne, où nous fîmes de communs efforts avec M. le baron de Vincent, pour empêcher que la guerre de 1807 ne dévastât une plus grande partie du monde.

La résistance que l'Europe opposait à Bonaparte, lorsqu'il voulut monter sur le trône de France, avait ranimé les espérances de l'émigration; le procès de Pichegru, de MM. de Polignac et de Rivière s'instruisait à Paris; j'y arrivais comme ministre envoyé de l'électeur de Baden : j'eus l'ordre de m'informer s'il existait une plainte contre les émigrés qui habitaient l'électorat, et si leur séjour avait des inconvéniens ? Vous me répondîtes que vous ne pensiez pas que le gouvernement de Baden dût être plus sévère que n'était le gouvernement français, que vous ne connaissiez aucune plainte à leur égard, et qu'il fallait les laisser tranquilles. Je transmis cette réponse à l'électeur.

L'enlèvement eut lieu sur les faux rapports de la police secrète de Bonaparte. Ici M. de Rovigo dit vrai. On m'a assuré que les agens de cette police commirent alors la méprise de désigner un M. de *Thumery* attaché à monseigneur le duc d'Enghien, comme étant le général *Dumouriez* venu d'Angleterre à Ettenheim.

Cette fausse information doit avoir ajouté aux alarmes du premier consul; il craignait qu'un mouvement immédiat ne s'organisât sur la frontière.

Je sais que le roi de Suède, qui se trouvait alors à Carlsruhe, et l'électeur, firent avertir le prince qu'il pouvait courir des dangers, et qu'il devait s'éloigner; il tarda, et fut la malheureuse victime de sa sécurité.

Après cet événement, et lorsque la Russie se prononça à Ratisbonne sur cette violation d'un territoire étranger, on désira que l'électeur voulût se prêter à des explications officieuses : la cour de Berlin, désirant éloigner la guerre, en fit un objet de négociation à Paris. Vous devez vous rappeler, mon prince, la résistance que j'opposai à M. de Lucchesini, pour que l'électeur n'accédât à rien qui pût compromettre sa dignité morale et la haute opinion que l'on avait de sa loyauté et de ses vertus. Ma correspondance renferme ces détails.

Dans les temps où nous vivons et où on exalte de nouveau toutes les passions, on doit, mon prince, éclairer la part qu'on a prise aux affaires publiques, lorsqu'on est calomnié.

Il est connu que sous votre ministère, vous n'avez cessé de modérer les passions violentes de Bonaparte; vous désiriez que les longs malheurs de l'Europe et de votre patrie finissent par lui et avec lui; mais telle n'a pas été la volonté du destin; votre nom devait se rattacher à un grand événement, et je me féliciterai toujours de la faible part que j'y ai eue. La funeste catastrophe sur laquelle on a de nouveau attiré l'attention, a été suffisamment connue dans le temps, pour pouvoir être attribuée à qui elle appartient. Bonaparte seul, mal informé par ce que la police avait de plus vil, et n'écoutant que sa fureur, se porta à cet excès sans consulter; il fit enlever le prince, avec l'intention de le tuer (1) ! Il est déplorable de devoir de nouveau s'occuper de faits qui déshonorent autant cette pauvre humanité.

Si vous me faites l'honneur de me répondre, mon prince, veuillez envoyer votre lettre à mon hôtel, d'où elle me sera transmise, et agréez l'hommage respectueux et dévoué que je vous offre.

Signé DALBERG.

Copie de la lettre de M. Talleyrand.

Paris, le 20 novembre 1823.

Je viens de recevoir votre lettre du 13 novembre, mon cher duc, elle est excellente. Je l'ai lue à plusieurs personnes de différentes opinions, on est d'accord : on la trouve sans réplique. J'ai été tenté de la faire imprimer : mais plus de réflexions m'ont conduit à penser qu'il y aurait peut-être une autre marche à suivre : il ne faut pas mettre trop d'importance à l'attaque du duc de Rovigo. Le public en a fait justice, et justice complète ; vous verrez que tout le monde a été indigné de toute la bassesse que renferment les atroces calomnies du

---

(1) Cet aveu formel est dans son testament déposé à Londres ; des copies en ont été données à différentes personnes. Voyez pages suivantes de ce recueil.

duc de Rovigo. Le jugement est porté, on ne veut plus de cette affaire.

Je n'ai, quant à moi, rien publié, et je ne publierai rien. J'ai écrit au roi une lettre ; c'est tout ce qu'il y a eu et tout ce qu'il y aura de moi dans cette infâme affaire. Adieu : j'espère vous revoir sous peu de jours ; mille amitiés.

A M. le baron de Berstett, ministre des affaires étrangères, à Carlsruhe.

Herrnsheim, le 12 novembre 1823.

Je viens d'avoir connaissance du libelle scandaleux et des inculpations odieuses que M. de Rovigo publie dans sa brochure sur l'assassinat de monseigneur le duc d'Enghien.

Il y a vingt ans que ce grand crime a été commis ; je me trouvais alors à Paris, en qualité de ministre envoyé de S. A. S. l'électeur de Bade. V. E. doit croire combien je suis révolté d'être désigné même obscurément dans un tel écrit.

Ma correspondance avec la cour et avec M. le baron d'Edelsheim font foi des démarches qu'on m'avait prescrites dans cette triste occurrence, et *combien j'étais éloigné de faire des rapports officieux* qui auraient pu compromettre la sûreté du pays et celle des personnes qui y résidaient. Mes dépêches déposent encore combien peu j'ai voulu consentir à ce que cet attentat *ne frappât pas* l'opinion publique comme il devait le faire. Je n'avais de relations avec le ministère français que celles que le devoir de ma position me prescrivait.

J'ai fixé mon existence en France lorsque la destruction totale de nos formes politiques en Allemagne, et de nos rapports, que j'ai défendus jusqu'au dernier moment, furent malheureusement consommés; que la fille de l'empereur d'Autriche était arrivée en France; qu'une loi française interdisait à ceux nés dans les départemens réunis de rester à un service étranger. Né à Mayence, ma fortune était située dans les départemens réunis, elle avait été frappée précédemment de sept années de séquestre et avait subi l'effet d'une partie des lois sur l'émigration.

J'ai conservé les minutes de ma correspondance officielle, mais je ne voudrais imprimer, si cela devenait nécessaire, que ce qui a rapport au fait et soumettre à V. E. les minutes qu'on doit publier. Je m'adresse donc à vous, M. le baron, avec confiance, et je vous prie de parcourir la série numérotée de mes lettres de 1804. La dignité de la cour de Bade n'exigerait-elle peut-être pas qu'elle exprimât par un simple article de journal et sans signature, qu'on regardait comme calomnieuses et sans fondement les perfides insinuations que M. de Rovigo se permet contre un ministre de la maison de Bade, maintenu dans son poste après cet attentat? Je puis encore espérer de la justice et des bontés de S. A. R. Mgr. le grand duc, qu'elle voudra le faire connaître officiellement à Paris.

Vous êtes, M. le baron, trop homme du monde et trop homme d'affaires pour ne pas sentir que je dois me servir des preuves et des documens qui sont à ma disposition pour confondre d'aussi grandes infamies, et que j'ai un droit acquis à éclairer ma conduite à cette funeste époque.

Vous rendrez donc, j'en suis sûr, justice à ma démarche. J'attends la réponse de V. E. avec la confiance que m'inspire votre ancienne amitié pour moi, et je la prie d'agréer l'assurance de ma haute considération et de mes sentimens dévoués.

Signé DALBERG.

Copie de la lettre de M. le baron de Berstett.

Carlsruhe, le 16 novembre 1823.

Monsieur le duc,

Aussitôt après la réception de la lettre que V. E. m'a fait l'honneur de m'adresser en date du 12, je me suis occupé, conformément à ses désirs, à parcourir la série de sa correspondance officielle de 1804 avec le baron d'Edelsheim. Je n'y ai trouvé que ce que je m'attendais à y trouver relativement à l'indignation que vous a fait éprouver l'horrible assassinat du duc d'Enghien ; toutes vos lettres de cette époque expriment avec énergie ce sentiment, et si vous jugez à propos, M. le duc, de faire usage de quelques-unes des minutes que vous avez conservées, je pense que le déchiffrement de votre dépêche n. 25, du 22 mars 1804, sera plus que suffisante pour confondre vos calomniateurs.

Peut-être pourriez-vous y ajouter un extrait du n. 27 du 27 mars, pour prouver qu'à l'époque fatale vous n'aviez pas encore à vous réjouir de la confiance du ministre des affaires étrangères à Paris ; si toutefois vous trouvez qu'il vaille la peine de vous justifier contre le reproche ridicule qu'on vous a fait sur votre intimité avec lui.

J'enverrai par la poste de demain, au bailli de Ferrette les copies des pièces les plus intéressantes de votre correspondance de cette époque, pour en faire usage partout où cela pourra vous être de quelque utilité, comme des pièces authentiques qu'il a trouvées dans les papiers de la légation.

J'espère que cette mesure remplira vos vues, et je serais charmé si elle pouvait contribuer à vous tranquilliser sur les effets d'une calomnie à laquelle vous ne deviez assurément pas vous attendre.

Charmé de trouver une occasion pour renouveler à V. E. l'assurance de ma haute considération, je la prie de ne jamais douter de la sincérité de mon parfait dévouement.

Signé BERSTETT.

Copie et extrait des lettres de M. de Dalberg, ministre plénipotentiaire de Baade à Paris, à M. le baron d'Edelsheim, ministre des affaires étrangères.

N° 23.

Paris, mardi 20 de mars 1804.

Monsieur le baron,

Les arrestations qui viennent d'avoir lieu dans le pays de Baade doivent avoir été une source des plus grands embarras pour la cour. Il n'y a pas eu moyen de vous prévenir de ce qui se passait, tout s'étant fait avec trop de secret et de précipitation.

Les dépositions ayant compromis les émigrés à Ettenheim et Offembourg, le premier consul ordonna à M. de Caulaincourt (1) de partir sur-le-champ et de porter l'ordre de l'arrestation, telle qu'elle a été faite. Il n'eut que le temps de voir sa mère. Il partit dimanche 11. Lundi au soir 12,

---

(1) Ce fait et cette date sont à rectifier d'après les Documens officiels publiés dans le volume 5 des *Mémoires pour servir à l'histoire de France sous Napoléon*, écrits à Sainte-Hélène, pages 362-370. Le corps diplomatique, dans le premier moment, ne fut frappé que de la nouvelle du départ d'un aide-de-camp du premier consul, plus connu et plus répandu dans la société que ne l'était le général Ordener,

j'appris qu'il était allé à Strasbourg, et on se disait qu'il s'agissait de l'arrestation de Dumouriez; on ne nomma pas encore dans le public le duc d'Enghien. Je calculai qu'ayant dû arriver mardi 13, ma lettre à Votre E. serait trop tardive pour vous prévenir, ne pouvant arriver que le 16 ou 17, et je résolus d'attendre que j'eusse d'autres informations, un courrier même ne pouvant plus devancer l'aide-de-camp du premier consul.

Jeudi 15 enfin je sus positivement l'ordre que portait M. de Caulaincourt. La chose avait été dite pour la *première fois* par madame Bonaparte le matin à une dame de ses amies, avec laquelle je fus lié et dont je le sus; elle y ajouta combien cette affaire l'affectait et augmenterait les embarras du gouvernement.

Comme ma lettre n'aurait alors été d'aucun effet, je résolus d'attendre que nous eussions pu recevoir des nouvelles positives. Hier au soir seulement on connut les détails de l'expédition, et comme la violation du territoire étranger ne se laissait point cacher, la sensation ici est très-grande.

Les ministres de Suède, d'Autriche, M. Oubrill

---

commandant la cavalerie de la garde. Mais ce fut ce dernier, expédié le 11, qui porta l'ordre de l'arrestation de M. le duc d'Enghien dont il était chargé. M. de Caulaincourt ne partit que le 12; sa mission avait un autre but, et il porta des lettres pour la cour de Bade, expédiées de Strasbourg à Carlsruhe, par M. de Berkheim.

ont été les seuls qui ont prononcé leur opinion d'une manière très-forte.

Réunis dans le cercle diplomatique de lundi, on voulait savoir des détails de moi; j'assurai que je n'en avais aucun.

Comme le gouvernement, ici, ne parvient point à saisir tous les prévenus, on parle de visites domiciliaires, et si elles ont lieu, on se portera décidément à la visite des maisons des ministres. C'est à cet effet qu'on répand déjà depuis cinq à six jours que la police croyait qu'il y avait quelqu'un de caché chez M. de Cobenzel. Les barrières sont toujours gardées, on ne sort qu'avec des passe-ports.

M. de Beust vient de me dire, qu'ayant vu hier M. de Talleyrand, ce dernier lui avait dit qu'on venait de donner à tous les ministres français en Allemagne, l'ordre d'exiger qu'on éloignât les émigrés des États des princes, et qu'il l'invitait à l'écrire à sa cour. M. de Saint-Genest n'en sera donc point excepté si M. Massias a reçu le même ordre.

N°. 24.

Paris, le mercredi 21 mars 1804.

On assure que le duc d'Enghien est arrivé hier à cinq heures, escorté de cinquante gendarmes. Tout le monde se demande qu'en veut-on faire?

Le gouvernement a cru un moment que le duc

de Berri et M. de Montpensier étaient ici; aussi depuis quinze jours tout Paris est emprisonné. Une personne près du consul m'a dit qu'on avait assez de documens pour prouver aux personnes arrêtées le projet d'assassinat; que le premier consul ferait grâce aux uns et exécuter les autres; que pour les princes, on les tiendrait en prison, et qu'on déclarerait aux puissances qu'ils répondaient d'un nouvel attentat.

Depuis la découverte de cette conjuration, le premier consul n'écoute plus une parole de paix ou de composition avec l'Angleterre. Il est décidé à faire une guerre à mort à cette puissance. Je suis persuadé qu'un changement de ministres à Londres, dont on parle, ne changera rien au système politique anglais.

N° 25.

Paris, 22 mars 1804.

J'ai reçu hier au soir la dépêche n° 17 que V. E. m'a fait l'honneur de m'adreser pour m'instruire de tout ce qui concerne l'arrestation faite dans nos pays. Dans une affaire d'une aussi haute importance et qui produit si généralement la plus vive sensation, il importait sans doute de m'instruire de la vérité, et je vous offre ma reconnaissance de m'avoir fait passer sans retard ce qui pouvait l'éclairer.

Il m'aurait cependant paru désirable que S. A. S. E. employât son ministre pour remettre une réponse contre des inculpations assez injustes, et qu'un courrier, par conséquent, m'eût porté la lettre que V. E. répond à M. Talleyrand, en me donnant l'ordre d'exposer verbalement tout ce qui pouvait se dire dans cette occasion.

Les copies des autres informations que V. E. me fait passer, suffisent, en attendant, pour me prescrire ce que j'ai à dire, et fixent l'opinion qu'il importe d'établir sur cette affaire.

J'avais déjà eu l'honneur de vous prévenir que vu l'impossibilité de vous instruire de cette expédition (impossibilité assez prouvée par les deux lettres de M. Talleyrand, qui lui-même parut ignorer jusqu'au dernier moment la résolution prise), j'attendais pour vous en parler que la chose fût éclaircie, et je ne voulais pas, par des renseignemens qui pouvaient être faux ou des avis précipités, influer sur les résolutions qu'il a plu à S. A. S. E. de prendre.

L'exposé historique, tracé dans l'intention de constater les faits tels qu'ils se passèrent, remplit parfaitement son but et prouve suffisamment que S. A. S. E. n'a été instruite du but de l'expédition militaire que trente-six heures après qu'elle avait été entreprise.

Si d'un côté il faut rendre justice et se convaincre combien il importait à la France de connaître à fond ce qui se tramait contre son repos, l'illégalité des moyens employés pour cet effet et la violence d'arrêter militairement, contre tous les usages, et tous les droits, sur un territoire étranger, exigent que S. A. S. E. fasse connaître au public, combien peu il a pu connaître des machinations que la France même ignorait malgré sa police et ses agens, et l'instruise que ce n'est pas de son consentement que des troupes étrangères se sont portées sur les terres de l'empire.

Il importe donc d'exposer les circonstances qui accompagnèrent le séjour du duc d'Enghien et la permission qui lui avait été tacitement accordée par droit d'hospitalité et du su de la France.

Il n'est pas moins infiniment convenable, comme S. A. S. E. en a pris la résolution, de communiquer aux membres du collége électoral tout ce qui concerne cette affaire; je serais cependant d'avis de le faire non verbalement, mais en communiquant à chacun l'exposé historique avec les copies y annexées.

Pour remplir ici les intentions de la cour, je ne puis, dans la position infiniment difficile et délicate où je me trouve, faire autre chose que d'exposer simplement aux ministres des cours avec lesquelles nous sommes plus particulièrement en relation, les circonstances telles qu'elles se sont passées.

Je l'ai fait à l'égard des légations de Russie, de Suède, de Prusse et d'Autriche, et elles sont de l'avis que, comme cette affaire avait passé directement à Carlsruhe, sans qu'on m'en ait parlé, je devais ne faire aucune démarche, à moins que je n'en reçusse l'ordre positif.

Je n'en trouve point dans la dépêche de V. E. Je suis donc décidé de ne parler de rien, à moins que l'on ne me provoque ; il est facile de se convaincre qu'on ne fera pas la moindre démarche vis-à-vis de moi, et que je ne serai, par conséquent, pas à même d'en parler et d'appuyer sur tout ce que V. E. a exposé dans sa lettre.

Comme les jugemens et les opinions du public sont très-précipités dans ce pays-ci, il est naturel que beaucoup de personnes viennent me questionner pour rectifier des faits qu'impunément chacun avance selon qu'il est animé par des sentimens souvent très-opposés.

Les feuilles publiques s'efforcent à faire croire que l'arrestation, telle qu'elle s'est faite, s'est exécutée du consentement de l'électeur; je me borne, à cet égard, à dire tout simplement que j'étais autorisé à le contredire, et qu'en effet S. A. S. E. n'en avait été instruite officiellement que trente-six heures après l'enlèvement.

Agréez, etc.

Apostille au n° 25.

Jeudi 22 mars 1804.

Le Moniteur ci-joint, dont j'ai l'honneur de vous faire passer un exemplaire, annonce aujourd'hui la sentence de mort portée par commission spéciale contre le malheureux duc d'Enghien emmené mardi passé à Paris.

La sentence a été, à ce que l'on a su hier matin, exécutée au château de Vincennes, la nuit du mardi au mercredi à deux heures du matin.

L'exécution atroce du malheureux duc d'Enghien a produit une sensation difficile à rendre. Tout Paris est consterné, la France le sera, l'Europe entière doit frémir. Nous approchons de la crise la plus terrible. Bonaparte ne connaît plus de frein à son ambition ; rien ne lui est sacré, il sacrifiera tout à ses passions.

La noble réputation de S. A. S. E. exige que les cours connaissent qu'il n'a point partagé l'enlèvement du malheureux prince, et je crois qu'il ne peut se refuser d'instruire l'empereur de Russie des circonstances de cet événement. La voie qui compromettrait le moins serait celle de madame la margrave.

La mort du duc d'Enghien a été déterminée par trois raisons :

1°. Le danger de le garder en France ;

2°. Le besoin d'imprimer la terreur dans tous les esprits ;

3°. La crainte d'une intervention des cours.

Démarche sur laquelle MM. de Lucchesini, de Cobenzel et Oubrill, se concertaient, voulant faire sentir l'offense qu'on ferait de nouveau à tous les souverains.

Je ne puis vous rendre combien je suis navré de douleur et combien mon esprit est alarmé de l'avenir

Je regrette de me voir dans ce moment à Paris.

Il y en a bien peu parmi nous qui ne partagent ce sentiment.

On parle d'une nouvelle conscription militaire, ce qui prouverait la crainte ou la volonté de la guerre continentale, que j'ai toujours cru immanquable.

N° 34.

Paris, le 11 avril 1804.

La mort de Pichegru fait ici une profonde sensation. On savait qu'il ne donnait aucune information, qu'il déclarait constamment qu'il parlerait devant le tribunal, et qu'en vain on se flatterait qu'il chargeât ou dénonçât qui que ce fût.

Georges montre un courage et une fermeté égale. Il importait par conséquent d'enlever l'un ou l'autre de la scène. Il paraît que Pichegru a été choisi comme victime.

L'histoire des Empereurs Romains, le Bas-Empire, voilà le tableau du pays, de ce règne.

LETTRE

DU PRINCE DE TALLEYRAND

AU ROI (1).

Le prince expose au roi que des calomniateurs nombreux s'agitent contre lui en plusieurs sens : les uns ne peuvent me pardonner, dit-il, d'avoir, par mes conseils, ramené deux fois Votre Majesté dans ses États; les autres, d'avoir coopéré de tous mes moyens à fonder avec Votre Majesté le gouvernement constitutionnel.

Le prince termine sa lettre noble et énergique

---

(1) N'ayant pas pu nous procurer le texte entier de cette lettre, nous ne pouvons la publier en ce moment. Cependant, pour que l'histoire n'ait point à regretter un fait intéressant, nous rapportons un article d'un journal anglais qui en donne la substance sans en faire connaître les expressions.

The prince represents to the king that a host of calumniators are endeavouring to blacken his character in various points of view. Some, he says, cannot pardon him for having twice, by his counsels, mainly contributed to the return of his majesty into his kingdom ; others for having cooperated to the full extent of his means with his majesty in laying the foundation of the constitutional government

The prince concludes his noble and energetic letters by beseeching his majesty that he would be pleased to institute an inquiry into his conduct before the chamber of peers

en suppliant le roi d'ordonner une enquête dans la chambre des pairs pour examiner sa conduite.

Le *Journal des Débats* des 17 et 18 novembre 1823, contiennent les notes suivantes :

« Le roi a interdit l'entrée du château des Tui-
» leries à M. le duc de Rovigo (17). »

Hier dimanche, M. le prince de Talleyrand s'est présenté, suivant l'usage, pour faire sa cour au roi, avec tous les grands officiers du royaume et de la couronne. S. M. a saisi cette occasion d'adresser à M. de Talleyrand ces paroles bienveillantes : «'Prince Talleyrand, vous et les vôtres
» pourrez venir ici sans crainte de mauvaises ren-
» contres. »

FRAGMENS HISTORIQUES.

On a beaucoup parlé d'un conseil tenu à la Malmaison, lors de l'arrestation de M. le duc d'Enghien, et le Mémoire de M. le duc de Rovigo accrédite ce bruit d'une manière plus positive. Voici le fait :

Il n'y a pas eu précisément de conseil : le premier consul habitait la Malmaison; il était accessible aux ministres à toute heure. Le jour où l'on reçut la nouvelle de l'arrestation du duc d'Enghien, Fouché qui voyait souvent le premier consul, quoiqu'il ne fût pas ministre, vint à la Malmaison à neuf heures du matin; il eut avec le premier consul, et dans son jardin, une longue conférence. M. de Talleyrand, moins matinal, arriva plus tard, pour prendre, comme de coutume, les nouvelles. Le premier consul l'entretint avant et après son déjeuner, et envoya chercher les deux autres consuls, MM. Cambacérès et Lebrun, qui arrivèrent séparément vers midi. Le premier consul leur parla longuement et l'un après l'autre. Ensuite les trois consuls s'étant réunis, Bonaparte exposa que, d'après les rapports qui lui avaient été faits de l'étranger, la sûreté de la république avait été compromise par un nombreux rassemblement d'émigrés, qui avait lieu à Ettenheim, et par les émissaires envoyés pour l'assassiner; qu'il avait cru devoir prendre un parti violent, en faisant enlever le duc d'Enghien; qu'on venait de l'amener à Paris; qu'il était urgent de le traduire à une commission militaire, pour anéantir les projets des conspirateurs. Le second consul essaya de combattre cette proposition : cependant une garantie à donner à la cause de la révolution parut une raison à peu près sans réplique. Le troisième consul ne parla ni pour ni contre. Le décret du gouvernement fut alors expédié par le secrétaire d'État. L'expédition en fut envoyée au grand-juge ministre de la justice, au ministre de la guerre, au général gouverneur de Paris. En outre, le premier consul écrivit directement une lettre instructive au gouverneur de Paris, le général Murat.

———

— Dans la matinée du 29 ventose an XII, le général Murat, gouverneur de Paris, reçut une dépêche du gouvernement. Il venait de déjeuner, et parut très-agité dès qu'il l'eut parcourue; ses officiers lui demandèrent la cause du trouble qui l'agitait : C'est une tache qu'on veut mettre sur mon habit; mais je jure par Dieu qu'elle n'y sera pas. Il demanda sa voiture, et courut à la Malmaison. Il ne put triompher des obsessions dont on entourait le premier consul, et revint plus agité encore qu'il n'était parti. L.... B.... arriva presque aussitôt que lui, de la part du ministre de la guerre, et le pressa beaucoup de mettre à exécution les ordres qu'il avait reçus. Murat s'y refusa constamment, et repoussa avec dureté l'officier-général. S.... survint, lui remit de nouvelles dépêches qu'il parcourut à peine, et lui dit, avec une espèce de dédain : Allez, vous connaîtrez dans quelques instans ce qui vous concerne. S.... qui avait été chargé de tout, prit alors à son choix cinquante gendarmes d'élite, et se présenta à la barrière pour se rendre à Vincennes ; mais comme il n'avait pas d'ordre du gouverneur de Paris, la sortie lui fut refusée malgré ses instances, et sa représentation sur son grade et sa qualité d'aide-de-camp du premier consul. Il fallut attendre. Dans l'intervalle, les ordres de convocation furent expédiés par l'état-major au nom du gouverneur de Paris.

Murat, à qui cette affaire revenait souvent, s'en est quelquefois expliqué avec ses officiers de confiance ; il en rejetait tout l'odieux sur les deux personnages qui ont consommé cette affaire. Je ne crains, disait-il, aucun reproche à cet égard ; j'ai déposé dans le temps chez un notaire, à Paris, des pièces (1) qui établissent que j'ai constamment refusé d'y participer.

---

(1) Parmi ces pièces on cite :
1°. Les ordres et dépêches au gouverneur de Paris ;
2°. Une lettre de Murat au premier consul ;
3°. Le testament du duc d'Enghien.

Le ministère de la police générale n'existait pas à l'époque de la catastrophe du duc d'Enghien et de la conspiration de Georges. Les attributions de ce ministère avaient été réunies à celles du grand-juge, ministre de la justice, qui habitait l'hôtel de la Police, quai d'Orsay. Réal avait été nommé, aussitôt que le ministère fut supprimé, *conseiller-d'État spécialement chargé de l'instruction et de la suite de toutes les affaires relatives à la sûreté intérieure de la république.*

Le 29 ventose an XII (20 mars 1804), à quatre heures après midi, M.... vint trouver Réal. Celui-ci était alors dans son cabinet, occupé à travailler avec N...., chef de ses bureaux. M.... et Réal s'assirent au coin de la cheminée. N.... se retira. La conférence dura trois quarts d'heure. Aussitôt que M.... fut parti, Réal appela près de lui N...., et lui dit : Le duc d'Enghien doit être conduit ce soir à Vincennes ; il sera jugé et exécuté aussitôt qu'il sera arrivé. Puis présentant à N.... une liasse de papiers : Voici, continua-t-il, le décret qui ordonne la formation de la commission militaire, et prescrit les mesures nécessaires pour l'exécution du jugement. Ce paquet vient de m'être remis par M.... Rendez-vous à l'instant auprès du grand-juge, et remettez-le lui.

N.... alla aussitôt à l'hôtel du grand-juge, M. Regnier, depuis duc de Massa. Ce ministre était à dîner : un huissier de la chambre le prévint que N.... avait une communication importante à lui faire. M. Regnier se leva aussitôt de table et vint, un flambeau à la main, au-devant de N.... qu'il introduisit dans son cabinet. Aussitôt qu'il eut pris lecture des pièces qui venaient de lui être remises, M. Regnier parut extrêmement affecté, et dit d'un ton ému : « *Ah! N...., si l'on m'avait consulté, ce n'est pas cela que j'aurais conseillé.* »

Le lendemain matin, vers dix heures, le général Hulin, qui avait présidé la commission militaire, arriva chez M. Réal. « *Eh bien*, dit-il en entrant dans le cabinet, *c'est fini, il a été exécuté ce matin.* » Réal alors s'enferma seul avec lui, ils causèrent fort long-temps tête à tête.

Le lendemain seulement de l'exécution, le jugement fut affiché dans Paris. On parut très-mécontent au ministère de la manière dont la commission militaire avait rédigé le jugement, et le jour même de l'exécution du prince on en rédigea *un autre dans les bureaux de Réal.* C'est celui-ci, et non l'original de la commission qui fut affiché le lendemain.

Le jour du jugement du duc d'Enghien, Réal avait quelques amis à dîner. Il ne sortit pas, et joua toute la soirée aux dames avec son neveu Rolland. Il paraissait fort inquiet, regardait à chaque instant la pendule, et se penchait vers l'oreille de Rolland, comme pour lui dire à voix basse : A présent on en est à telle chose.

Il est ici nécessaire de rapporter un fait qui

bien que postérieur de plus de huit ans à la catastrophe du duc d'Enghien, y a cependant un rapport direct.

En octobre 1812 éclata la conspiration Mallet. Deux des juges du duc d'Enghien jouèrent un rôle bien différent dans cette circonstance. *Hulin* était gouverneur de Paris. Mallet se transporta d'abord chez lui pour l'arrêter. Hulin fit résistance, Mallet lui tira un coup de pistolet. La balle traversa la mâchoire d'Hulin.

Le colonel *Rabbe*, un des juges du duc d'Enghien, était au nombre des conspirateurs. Il fut condamné ainsi que *Mallet*, *Lahorie*, *Guidal*, à être fusillé. Comme on les conduisait, pour subir leur jugement, à la plaine de Grenelle, un aide-de-camp arrive à toute bride, joint le cortége rue Saint-Dominique, fait descendre *Rabbe* du fiacre qui l'emmenait, et le conduit à l'Abbaye. La peine de mort fut commuée, pour lui seul, en vingt années d'emprisonnement, et le motif de cette grâce spéciale, *fut qu'il avait été un des juges du duc d'Enghien*. L'opinion générale fut que *Rovigo*, à cette époque ministre de la police générale, avait obtenu la grâce de *Rabbe*.

Page 38 du Mémoire de Rovigo. — Prêt à mourir, le prince chargea M. Noirot de remettre ses bijoux, etc.

Ces faits sont entièrement faux. Les bagues et bijoux du duc d'Enghien, ainsi qu'une très-forte somme d'argent dont le Duc était détenteur lors de son arrestation, furent remis entre les mains de N...., ce même chef des bureaux de Réal qui avait été envoyé chez le grand-juge. Peu de temps après, madame de Rohan-Rochefort, épouse du Duc, réclama ces objets qui lui furent remis par N...., d'après l'ordre qu'en donna Bonaparte.

Vers les huit heures du matin du jour où M. le duc d'Enghien fut exécuté, l'amiral T...., ignorant complètement ce fatal événement, arriva à la Malmaison, pour remettre au premier consul le travail dont il l'avait chargé sur l'organisation de la flotte de Brest. L'amiral, n'ayant pu être admis sur-le-champ dans le cabinet du premier consul, passa dans le salon, où il trouva madame Bonaparte dans le plus grand désespoir, et fondant en larmes qu'avait si justement provoquées l'exécution du prince. Elle ne pouvait se dissimuler les craintes que lui inspiraient pour l'avenir les suites de cette terrible catastrophe. L'amiral n'avait pu parvenir encore à la calmer, lorsqu'on vint lui annoncer qu'il était attendu. En traversant le salon pour arriver vers le premier consul, l'amiral trouva plusieurs aides-de-camp occupés à déjeuner. Savary, qui venait d'arriver et était du nombre, l'invita à se joindre à eux; mais montrant son porte-feuille, T.... leur fit entendre que le premier consul l'attendait.

A son entrée dans la galerie où le premier consul

se promenait les mains derrière le dos, T.... l'aborda en lui disant : « Je viens vous soumettre le travail » que vous m'avez demandé sur la flotte de Brest. » — B.... C'est bien. » Continuant à se promener il dit : « Eh bien, T..., il y a un Bourbon de moins. » T.... (*feignant d'ignorer ce que lui avait confié* » *madame Bonaparte.*) De quoi est-il question ? » Est-ce que le roi.... est-ce que Louis XVIII est » mort ? — B.... Il s'agit bien de cela. J'ai fait fu- » siller le duc d'Enghien cette nuit. » T.... paraît très-surpris et demande quel a pu être le but d'un tel acte de rigueur. — « B.... Il était temps de faire » finir les nombreux assassinats ourdis contre moi : » maintenant on ne dira plus que je veux jouer le » rôle de Monck (1). »

---

(1) Cette anecdote, lors de la catastrophe du duc d'Enghien, a circulé dans tous les salons de Paris. Nous avons cru devoir la rapporter ici comme fait historique.

NOTES DIPLOMATIQUES.

Lettre de M. de Talleyrand, ministre des relations extérieures, à M. le baron d'Edelsheim, ministre d'État, à Carlsruhe.

Paris, le 20 ventose an XII (11 mars 1804).

« Monsieur le baron, je vous avais envoyé une note dont le contenu tendait à requérir l'arrestation du comité d'émigrés français siégeant à Offenbourg, lorsque le premier consul, par l'arrestation successive des brigands envoyés en France par le gouvernement anglais, comme par la marche et le résultat des procès qui sont instruits ici, reçut connaissance de toute la part que les agens anglais à Offenbourg avaient aux terribles complots tramés contre sa personne et contre la sûreté de la France. Il a appris de même que le duc d'Enghien et le général Dumouriez se trouvaient à Ettenheim ; et, comme il est impossible qu'ils se trouvent en cette ville sans la permission de son altesse électorale, le premier consul n'a pu voir, sans la plus profonde douleur, qu'un prince, auquel il lui avait plu de faire éprouver les effets les plus signalés de son amitié avec la France, pût donner un asile à ses ennemis les plus cruels, et leur laissât ourdir tranquillement des conspirations aussi inouies.

» En cette occasion si extraordinaire, le premier consul a cru devoir donner, à deux petits déta-

» chemens, l'ordre de se rendre à Offenbourg (1)
» et à Ettenheim (2) pour y saisir les instigateurs
» d'un crime qui, par sa nature, met hors du droit
» des gens tous ceux qui manifestement y ont pris
» part. C'est le général Caulaincourt qui, à cet
» égard (3), est chargé des ordres du premier con-
» sul; vous ne pouvez pas douter qu'en les exécu-
» tant, il n'observe tous les égards que son altesse
» peut désirer. Il aura l'honneur de remettre à
» Votre Excellence la lettre que je suis chargé de
» lui écrire (4).

» Recevez, monsieur le baron, l'assurance de ma
» haute estime.   *Signé* Ch. M. TALLEYRAND. »
(*Gazette de Leyde.*)

Le lendemain 12 mars (correspondant au 21 ventose), le général Caulaincourt reçut la lettre du ministre de la guerre, rapportée plus haut, page 137.

Le duc d'Enghien fut enlevé dans la nuit du 14 au 15 mars (du 23 au 24 ventose).

L'électeur fit publier le décret suivant, daté de Carlsruhe, le 16 mars 1804.

« Immédiatement après le rétablissement de
» l'état de paix entre l'empire d'Allemagne et la
» république française, S. A. S. et électorale a

---

(1) Ordre du général Ordener, ci-devant page 226.

(2) Ordre du général Caulaincourt, ci-devant page 157.

(3) C'est-à-dire à l'égard de la mission d'Ettenheim, et de la mission diplomatique relative à la lettre dont il est parlé plus bas. Voyez ci-après page 288.

(4) Cette lettre a été remise à M. de Caulaincourt en partant de Paris. Il en ignorait le contenu. Il fut chargé, non de la *porter lui-même*, mais de la *faire remettre* à l'électeur. Arrivé à Strasbourg, il l'envoya par M. le capitaine de Berkeim qui seul est allé à Carlsruhe. Il est certain que M. de Caulaincourt n'y est jamais allé.

» donné, le 14 mai 1798, dans ses anciens États,
» l'ordre précis et sévère de ne plus permettre aux
» émigrés déportés français, la continuation de
» leur séjour dans son territoire.

» La guerre, qui s'est dans la suite rallumée,
» ayant donné à ces personnes différens motifs de
» rentrer dans ses États, S. A. S. et électorale a
» saisi le premier moment favorable, le 20 juin
» 1799, pour ordonner leur renvoi.

» La paix ayant eu de nouveau lieu, et plusieurs
» individus attachés à l'armée de Condé, s'avisant
» de se rendre dans ces environs, S. A. S. et élec-
» torale a cru devoir donner les ordres suivans,
» qui sont les derniers, les plus nouveaux, et ceux
» qui sont suivis encore aujourd'hui.

» Il ne sera accordé à aucun individu revenant
» de l'armée de Condé, ainsi qu'en général à au-
» cun émigré français, à moins qu'il n'en ait ob-
» tenu la permission avant la paix, d'autre séjour
» que celui qu'on permet aux voyageurs.

» S. A. S. et électorale, par sa résolution ex-
» presse, n'a excepté de cette ordonnance qu'in-
» dividuellement les personnes qui pourraient
» faire preuve d'avoir obtenu ou d'avoir à espérer
» sous peu leur radiation de la liste des émigrés, et
» qui avaient par-là une raison suffisante de pré-
» férer le séjour dans le voisinage de la France à
» tout autre, et de ne pas être regardées comme
» suspectes au gouvernement français. Le séjour
» de ces personnes n'ayant eu jusqu'aujourd'hui au-
» cunes suites fâcheuses ou désavantageuses pour

» le gouvernement français, et le chargé d'affaires
» de la France résidant ici, n'ayant jamais de-
» mandé plus de rigueur, S. A. S. et électorale a
» jugé à propos, au mois de décembre 1802, à
» l'époque de son entrée en possession de ses
» nouveaux États, d'accorder aux émigrés français,
» ainsi qu'à tous les autres étrangers qui s'y trou-
» vaient, à l'égard de leur séjour, la même in-
» dulgence dont ils jouissaient, en quelques en-
» droits, sous le gouvernement précédent, sans
» cependant les assurer d'une nouvelle protection,
» mais toujours dans la ferme résolution de leur
» retirer cette indulgence dès que S. A. S. et élec-
» torale aurait la connaissance certaine, et qu'on
» lui exposerait que le séjour sur les frontières du
» Rhin de tel ou tel autre individu, étant devenu
» suspect au gouvernement français, menaçait de
» troubler le repos de l'empire.

» Le gouvernement français venant de requérir
» l'arrestation de certains émigrés dénommés,
» impliqués dans le complot tramé contre la cons-
» titution, et une patrouille militaire venant de
» faire l'arrestation des personnes comprises dans
» cette classe, le moment est venu où S. A. S. et
» électorale est obligée de voir que le séjour des
» émigrés dans ses États est préjudiciable au re-
» pos de l'empire, et suspect au gouvernement
» français. Par conséquent, elle juge indispen-
» sable de renouveler en toute rigueur la défense
» faite aux émigrés français de séjourner dans ses
» États, tant anciens que nouveaux, et en révo-

» quant toutes les permissions limitées ou illi-
» mitées données par le gouvernement précédent
» ou actuel; ordonnant, en outre, que tous ceux
» qui ne sauraient justifier sur-le-champ de leur
» radiation, ou de leur soumission au gouverne-
» ment français, soient renvoyés, et que s'ils ne
» partent pas de gré, dans le terme de trois fois
» vingt-quatre heures, ils soient conduits au-delà
» des frontières. Quant à ceux qui, de cette ma-
» nière, croiront pouvoir se justifier, à l'effet
» d'obtenir la permission d'un séjour qui ne porte
» aucun préjudice, il est ordonné d'en envoyer la
» liste, avec copie de leurs titres, à S. A. S. et élec-
» torale, en attendant la résolution, s'il y a lieu,
» de leur permettre ou de leur refuser la conti-
» nuation du séjour.

» Tous les officiers civils des grands bailliages,
» ainsi que les préposés des communes et les offi-
» ciers de police, sont personnellement respon-
» sables de l'exacte exécution de cette ordonnance,
» et déclarés tenus de tout dommage résultant de
» quelque délai. »

On trouve le passage suivant dans une note diplomatique adressée, le 30 avril 1804, au nom de
S. M. britannique, aux ministres des cours étrangères.

« Sa Majesté m'a ordonné de déclarer qu'elle
» espère ne pas avoir besoin de repousser, avec
» le dédain et l'indignation qu'elle mérite, la ca-

» lomnie atroce et dénuée de fondement, que le
» gouvernement de S. M. participait à des projets
» d'assassinat; accusation déjà portée aussi faus-
» sement et aussi calomnieusement, par la même
» autorité, contre des membres du gouvernement
» de S. M., pendant la dernière guerre; accusation
» si incompatible avec l'honneur de S. M. et avec
» le caractère connu de la nation britannique, et
» si complètement dénuée de toute ombre de
» preuves, que l'on peut présumer avec raison
» qu'elle n'a été mise en avant, dans le moment
» actuel, qu'afin de détourner l'attention de l'Eu-
» rope de la contemplation de l'acte sanguinaire
» qui a été commis récemment par l'ordre direct
» du premier consul de France, en violation du
» droit des gens, et au mépris des lois les plus
» simples de l'honneur et de l'humanité. »

Note de M. le baron Massias, ancien chargé d'affaires de France près la cour de Bade.

J'étais chargé d'affaires à la cour de Bade, lorsque le duc d'Enghien fut arrêté à Ettenheim, village sur les bords du Rhin, à vingt lieues environ de Carlsruhe, et dans le ressort de ma légation. Cette arrestation eut lieu, sans que moi, ni le ministre de Bade en eussions eu aucune communication préalable.

Quelques jours avant cette catastrophe, des

gendarmes, venus de Strasbourg, avaient rôdé dans le pays, étaient même entrés dans mes bureaux, faisaient des questions, dont je ne pouvais alors deviner les motifs. Ils tenaient surtout à savoir de mon secrétaire si j'étais informé que le général Dumouriez eût paru à Ettenheim. Or, parmi les officiers de la maison du duc d'Enghien, en était un, nommé Tumery. J'ignore si j'écris correctement l'orthographe de son nom; mais ce que je sais parfaitement, c'est qu'il se prononça en alsacien comme celui de Dumouriez. Aussi, les journaux de Paris, le Moniteur lui-même, annoncèrent-ils que *le général Dumouriez, avec tout son état-major,* était à Ettenheim avec le prince.

Dès que je sus qu'il avait été enlevé, et transféré dans la citadelle de Strasbourg, j'écrivis, sans perdre un moment, au ministre des affaires étrangères, pour lui dire combien, durant son séjour dans l'Électorat, séjour dont mes dépêches l'avaient antérieurement avisé, la conduite de ce prince avait été mesurée et innocente. Ma lettre doit être aux archives, c'est la seule dans laquelle j'aie jamais cité du latin. Pour donner plus de poids à ma pensée, et plus de créance à mon assertion, j'avais emprunté ces mots de Tacite : *Nec beneficio, nec injuriâ cognitus :* ce qui, au reste, expliquait parfaitement ma position envers l'auguste personnage, que l'intérêt de la vérité me portait seul à défendre.

Il fut victime des rapports de ceux qui exploitent

les conspirations, et de ce qu'on appelle si faussement et si odieusement la politique.

Quelques jours après la catastrophe, je reçus une lettre du ministre des affaires étrangères, qui me donnait l'ordre d'aller à Aix-la-Chapelle où je trouverais l'empereur, auquel j'avais à rendre compte de ma conduite.

En arrivant, j'allai trouver le général Lannes, avec qui j'avais fait la guerre d'Espagne et d'Italie, à l'amitié duquel je devais une place et toutes mes espérances. Il m'apprit que j'étais accusé d'avoir épousé la proche parente d'une intrigante dangereuse, et d'avoir favorisé la conspiration du duc d'Enghien. Il me connaissait si bien, qu'il ne souffrit pas même que je lui demandasse des explications sur ma conduite, et qu'il me dit qu'avant de m'avoir vu, il avait répondu de moi à l'empereur.

Sorti de chez lui, j'allai chez le ministre des affaires étrangères, auquel je rappelai ce dont l'avait instruit ma correspondance, savoir : la vie simple, paisible, innocente du prince, et la non-parenté de ma femme avec la baronne de Reich, fait dont il était assuré par un certificat bien en règle, que je lui avais envoyé. Il me dit que tout s'arrangerait.

Le jour de mon audience étant fixé, je fus introduit avec lui dans le cabinet de l'empereur.

Il me fut d'abord facile de voir qu'il ne me considérait point comme un conspirateur ; je ne crus pas moins devoir me tenir sur mes gardes ; connaissant son adresse, et l'intérêt qu'il avait à ce que je n'eusse point tout-à-fait raison.

Il commença par me demander des nouvelles du grand duc et de sa famille; et, sans autre transition, après qu'il eut entendu ma réponse: Comment, M. Massias, me dit-il, vous que j'ai traité avec bonté, avez-vous pu entrer dans les misérables intrigues des ennemis de la France?

Je connaissais, comme je l'ai dit, son adresse et son habileté; je sentis que si j'entrais sans autres motifs dans ma justification, il profiterait de certaines circonstances pour en tirer des inductions, sur lesquelles je n'aurais pas le moyen de donner des explications catégoriques. Je pris donc le parti de faire l'étonné, et comme si je ne comprenais point ce qu'il voulait dire.

En vérité, s'écria-t-il avec un geste, et faisant un pas en arrière, on dirait qu'il ne sait ce dont je veux lui parler. Même étonnement; même signe d'ignorance de ma part.

Comment! ajouta-t-il vivement, mais sans colère, n'avez-vous pas épousé une proche parente d'une misérable intrigante, la baronne de Reich? Sire, lui dis-je, monsieur que voilà (en lui montrant le ministre), a indignement trompé la religion de Votre Majesté. Il a su de moi que ma femme n'était point parente de la baronne de Reich, et je lui en avais antérieurement envoyé le certificat bien en règle. A ces mots, l'empereur recula en souriant, marcha à droite et à gauche dans son cabinet, toujours en nous regardant; puis, se rapprochant de moi, il me dit d'un ton radouci : Vous avez cependant souffert des rassemblemens d'émigrés à Offenbourg. — J'ai rendu fidèlement compte de tout ce qui se passait dans ma légation. Comment me serais-je avisé de persécuter quelques malheureux, tandis que, avec votre autorisation, ils passaient le Rhin par centaines et par milliers. Je ne faisais qu'entrer dans l'esprit de votre gouvernement.

— Vous auriez pourtant dû empêcher les trames que le duc d'Enghien ourdissait à Ettenheim. — Sire, je suis trop avancé en âge pour apprendre à mentir; on a encore trompé sur ce point la religion de Votre Majesté. — Croyez-vous donc, dit-il en s'animant, que si la conspiration de Georges et de Pichegru avait réussi, il n'aurait pas passé le Rhin, et ne serait pas venu en poste à Paris? — Je baissai la tête et me tus.

Prenant alors un air dégagé, il me parla de Carlsruhe, de quelques objets peu intéressans, et me congédia.

Le lendemain, il fit une distribution publique et solennelle des croix de la légion d'honneur, qu'il avait nouvellement instituée. D'après ses règlemens, j'y avais droit, et comme chargé d'affaires, et comme portant les épaulettes de colonel; il la distribua à tous mes collègues présens, et je fus le seul à qui il ne la donna pas. Le général Lannes que je vis le soir, me dit que l'empereur avait été très-content de mon courage et de ma probité, mais qu'il avait voulu punir mon manque de respect envers mon supérieur.

Je revins à Carlsruhe. Un ou deux mois après mon retour, on me dit qu'un chambellan de Sa Majesté demandait à me parler; c'était M. le comte de Beaumont, qui me remit une lettre du grand maréchal du palais, Duroc, dans laquelle il était dit que l'empereur devant bientôt envoyer à Carlsruhe sa fille adoptive, la princesse Stéphanie, épouse du grand duc de Bade, il la confiait à mes soins et à ma probité; que, pour tout ce qui la concernait, je ne devais point correspondre avec le ministre des affaires étrangères, mais directement avec lui-même.

Un an environ après l'arrivée de la princesse, l'empereur me nomma résident consul-général à Dantzick. J'occupais à peine depuis huit jours ce nouveau poste, que je reçus ma nomination à la place d'intendant de la ville, avec de gros émolumens.

A mon retour en France, où ma santé me força de revenir en congé, il me nomma baron, avec l'autorisation de créer un majorat.

SUR LA CATASTROPHE

DU DUC D'ENGHIEN.

(*Mémorial de Sainte-Hélène*, ou Journal où se trouve consigné, jour par jour, ce qu'a dit et fait Napoléon pendant dix-huit mois; par le comte de Las-Cases. *Conversations du mercredi* 20 *novembre* 1816, *tome VII, pag.* 310 *à* 337.)

L'EMPEREUR traitait souvent ce sujet, ce qui m'a servi à remarquer, dans sa personne, des nuances caractéristiques des plus prononcées. J'ai pu voir, à cette occasion, très-distinctement en lui, et maintes fois, l'homme privé se débattant avec l'homme public, et les sentimens naturels de son cœur aux prises avec ceux de sa fierté et de la dignité de sa position. Dans l'abandon de l'intimité, il ne se montrait pas indifférent au sort du malheureux prince ; mais sitôt qu'il s'agissait du public, c'était toute autre chose. Un jour, après avoir parlé avec moi de la jeunesse et du sort de cet infortuné, il termina en disant : « Et j'ai appris depuis, mon cher, qu'il m'était favorable ; on m'a assuré qu'il ne parlait pas de moi sans quelque admiration ; et voilà pourtant la justice distributive d'ici-bas !.... » Et ces dernières paroles furent dites avec une telle expression, tous les traits de sa figure se montraient en telle harmonie avec elles, que si celui que Napoléon plaignait eût été en ce moment en son pouvoir, je suis bien sûr que, quels qu'eussent été ses intentions ou ses actes, il eût été pardonné avec ardeur. C'est un sentiment du moment, une situation inopinée sans doute que je surprenais là; et je ne pense pas qu'ils l'aient été par beaucoup : Napoléon n'en devait pas être prodigue : ce point délicat touchait de trop près à sa fierté et à la trempe spéciale de son ame; aussi variait-il tout-à-fait ses raisonnemens et ses expressions à cet égard, et cela à mesure que le cercle s'élargissait autour de lui. On vient de voir ce qu'il témoignait dans l'épanchement du tête-à-tête; quand nous étions rassemblés entre nous, c'était déjà autre chose : cette affaire avait pu laisser en lui des regrets, disait-il, mais non créer des remords, pas même des scrupules. Y avait-il des étrangers : le prince avait mérité son sort.

L'empereur avait coutume de considérer cette affaire sous deux rapports bien distincts : celui du droit commun, ou de la justice établie, et celui du droit naturel, ou des écarts de la violence. Avec nous, il raisonnait volontiers, et d'ordinaire, d'après le droit commun, et l'on eût dit que c'était à cause de la familiarité existante, ou de sa supériorité sur nous, qu'il daignait y descendre, concluant d'ordinaire, par son adage habituel, qu'on pourrait lui reprocher peut-être d'avoir été sévère; mais qu'on ne saurait l'accuser d'aucune violation de justice, parce que, bien qu'en eussent répandu la malveillance et la mauvaise foi, la calomnie et le mensonge, toutes les formes avaient été régulièrement et strictement observées.

Mais, avec les étrangers, l'empereur s'attachait presque exclusivement au droit naturel et à la haute politique. On voyait qu'il eût souffert de s'abaisser avec eux à trop faire valoir les droits de la justice ordinaire ; c'eût été paraître se justifier. « Si je
» n'avais pas eu pour moi, contre les torts du
» coupable, les lois du pays, leur disait-il, au défaut de condamnation légale, il me serait resté
» les droits de la loi naturelle, ceux de la légitime
» défense. Lui et les siens n'avaient d'autre but
» journalier que de m'ôter la vie ; j'étais assailli de
» toutes parts, et à chaque instant ; c'étaient des
» fusils à vent, des machines infernales, des com-
» plots, des embuches de toute espèce. Je m'en
» lassai, je saisis l'occasion de leur renvoyer la
» terreur jusque dans Londres, et cela me réussit.
» A compter de ce jour, les conspirations cessè-
» rent. Et qui pourrait y trouver à redire ? Quoi !
» journellement, à cent cinquante lieues de dis-
» tance, on me portera des coups à mort ; aucune
» puissance, aucun tribunal sur la terre ne sau-
» rait m'en faire justice, et je ne rentrerais pas
» dans le droit naturel, de rendre guerre pour
» guerre ! Quel est l'homme de sang-froid, de tant
» soit peu de jugement et de justice, qui oserait me
» condamner ? De quel côté ne jetterait-il pas le
» blâme, l'odieux, le crime ? Le sang appelle le
» sang ! c'est la réaction naturelle, inévitable, in-

» faillible ; malheur à qui la provoque !..... Quand
» on s'obstine à susciter des troubles civils et des
» commotions politiques, on s'expose à en tomber
» victime. Il faudrait être niais ou forcené pour
» croire et imaginer, après tout, qu'une famille
» aurait l'étrange privilége d'attaquer journelle-
» ment mon existence, sans me donner le droit de
» le lui rendre : elle ne saurait raisonnablement
» prétendre être au-dessus des lois pour détruire
» autrui, et se réclamer d'elles pour sa propre
» conservation. Les chances doivent être égales.

» Je n'avais personnellement jamais rien fait à
» aucun d'eux ; une grande nation m'avait placé à
» sa tête ; la presque totalité de l'Europe avait ac-
» cédé à ce choix ; mon sang, après tout, n'était
» pas de boue, il était temps de le mettre à l'égal
» du leur. Qu'eût-ce donc été, si j'avais étendu
» plus loin mes représailles ! je le pouvais ; j'eus
» plus d'une fois l'offre de leurs destinées ; on m'a
» fait proposer leurs têtes, depuis le premier jus-
» qu'au dernier : je l'ai repoussé avec horreur. Ce
» n'est pas que je le crusse injuste dans la position
» où ils me réduisaient ; mais je me trouvais si
» puissant, je me croyais si peu en danger, que je
» l'eusse regardé comme une basse et gratuite lâ-
» cheté. Ma grande maxime a toujours été, qu'en
» politique comme en guerre, tout mal, fût-il dans
» les règles, n'est excusable qu'autant qu'il est ab-
» solument nécessaire : tout ce qui est au-delà est
» crime.

« On aurait eu mauvaise grâce à se rejeter sur
» le droit des gens, quand on le violait si manifes-
» tement soi-même. La violation du territoire de
» Bade, sur laquelle on s'est tant récrié, demeure
» étrangère au fond de la question. L'inviolabilité
» du territoire n'a pas été imaginée dans l'intérêt
» des coupables; mais seulement dans celui de
» l'indépendance des peuples et de la dignité du
» prince. C'était donc au souverain de Bade seul
» à se plaindre, et il ne le fit pas; qu'il ne cédât
» qu'à la violence et à son infériorité politique, nul
» doute, mais encore, que faisait tout cela au mé-
» rite intrinsèque des machinations et des attentats
» dont j'avais à me plaindre, et dont je pouvais en
» tout droit me venger? » Et il concluait alors
que les véritables auteurs, les seuls vrais et grands
responsables de cette sanglante catastrophe étaient,
au-dehors, précisément les auteurs, les fauteurs,
les excitateurs des assassinats tramés contre le premier consul : « Car, disait-il, ou ils y avaient fait
» tremper le malheureux prince, et par-là ils
» avaient prononcé son sort; ou, en ne lui en don-
» nant pas connaissance, ils l'avaient laissé dor-
» mir imprudemment sur le bord du précipice, à
» deux pas de la frontière, quand on allait frap-
» per un si grand coup au nom et dans les intérêts
» de sa famille. »

Avec nous, et dans l'intimité, l'empereur disait:
« que la faute, au dedans, pourrait en être attri-
» buée à un excès de zèle autour de lui, ou à des

» vues privées, ou enfin à des intrigues mysté-
» rieuses. Il y avait été, disait-il, poussé inopiné-
» ment; on avait, pour ainsi dire, surpris ses idées;
» on avait précipité ses mesures, enchaîné ses ré-
» sultats. J'étais seul un jour, racontait-il; je
» me vois encore à demi assis sur la table où j'a-
» vais dîné, achevant de prendre mon café; on
» accourt m'apprendre une trame nouvelle; on
» me démontre avec chaleur qu'il est temps de
» mettre un terme à de si horribles attentats; qu'il
» est temps enfin de donner une leçon à ceux qui
» se sont fait une habitude journalière de cons-
» pirer contre ma vie; qu'on n'en finira qu'en se
» lavant dans le sang de l'un d'entr'eux; que le
» duc d'Enghien devait être cette victime, puis-
» qu'il pouvait être pris sur le fait, faisant partie
» de la conspiration actuelle; qu'il avait paru à
» Strasbourg, qu'on croyait même qu'il était venu
» jusqu'à Paris; qu'il devait pénétrer par l'Est au
» moment de l'explosion, tandis que le duc de
» Berri débarquerait par l'Ouest. Or, nous disait
» l'empereur, je ne savais pas même précisément
» qui était le duc d'Enghien; la révolution m'avait
» pris bien jeune, je n'allais point à la cour, j'i-
» gnorais où il se trouvait. On me satisfit sur tous
» ces points. Mais, s'il en est ainsi, m'écriai-je, il
» faut s'en saisir, et donner des ordres en consé-
» quence. Tout avait été prévu d'avance; les piè-
» ces se trouvèrent toutes prêtes, il n'y eut qu'à
» signer, et le sort du prince se trouva décidé. Il

» était depuis quelque temps à trois lieues du
» Rhin, dans les États de Bade. Si j'eusse connu
» plutôt ce voisinage et son importance, je ne
» l'eusse pas souffert, et cet ombrage de ma part,
» à l'événement, lui eût sauvé la vie.

» Quant aux diverses oppositions que je ren-
» contrai, aux nombreuses sollicitations qui me
» furent faites, a-t-on répandu dans le temps, rien
» de plus faux ; on ne les a imaginées que pour
» me rendre plus odieux. Il en est de même des
» motifs si variés que l'on m'a prêtés ; ces motifs
» ont pu exister peut-être dans l'esprit et pour
» les vues particulières des acteurs subalternes qui
» y concoururent ; de ma part, il n'y a eu que la
» nature du fait en lui-même, et l'énergie de mon
» naturel. Assurément si j'eusse été instruit à temps
» de certaines particularités concernant les opi-
» nions et le naturel du prince, si surtout j'avais
» vu la lettre qu'il m'écrivit, et qu'on ne me remit,
» Dieu sait par quels motifs, qu'après qu'il n'était
» plus, bien certainement j'eusse pardonné. »
Et il nous était aisé de voir que le cœur et la nature seuls dictaient ces paroles de l'empereur, et
seulement pour nous ; car il se serait senti si hu-
milié qu'on pût croire un instant qu'il cherchât à
se décharger sur autrui, ou descendît à se justifier ;
sa crainte à cet égard, ou sa susceptibilité était
telle qu'en parlant à des étrangers ou dictant sur
ce sujet, pour le public, il se restreignait à dire
que s'il eût eu connaissance de la lettre du prince,

peut-être lui eût-il fait grâce, vu les grands avantages politiques qu'il en eût pu recueillir; et, traçant de sa main ses dernières pensées, qu'il suppose devoir être consacrées parmi les contemporains et dans la postérité, il prononce, sur ce sujet qu'il suppose bien être regardé comme un des plus délicats pour sa mémoire, que si c'était à refaire, il le ferait encore !.... Tel était l'homme, la trempe de son ame, le tour de son caractère.

A présent que ceux qui scrutent le cœur humain, qui se plaisent à visiter ses derniers replis, pour en deviner des conséquences et en tirer des analogies, s'exercent à leur gré, je viens de leur livrer des documens prononcés et des données précieuses.

(Manuscrit venu de Sainte-Hélène d'une manière inconnue. Londres, 1817, page 46 (1).)

« Il s'offrit malheureusement, dans ce moment décisif, un de ces coups du hasard qui détruisent les meilleures résolutions. La police découvrit de

---

(1) Napoléon désavoue cet ouvrage dans les termes suivans :
« Cette brochure de 151 pages, traduite dans toutes les langues, a été lue de toute l'Europe, et grand nombre de personnes croient qu'elle est sortie de la plume de Napoléon; cependant rien de plus faux. Les journaux anglais ont nommé madame de Staël : cela n'est pas probable; il lui aurait été impossible de ne pas y apposer son cachet. Cet écrit a été fait par un conseiller d'État qui était en service

petites menées royalistes dont le foyer était au-delà du Rhin; une tête auguste s'y trouvait impliquée: toutes les circonstances de cet événement cadraient d'une manière incroyable avec celles qui me portaient à tenter un coup d'État. La perte du duc d'Enghien décidait la question qui agitait la France; elle décidait de moi sans retour : je l'ordonnai. »

(*Mémoires pour servir à l'histoire de France sous Napoléon, écrits à Sainte-Hélène par les généraux qui ont partagé sa captivité, et publiés sur les manuscrits entièrement corrigés de la main de Napoléon. Tome II, écrit par le général comte de Montholon, pag. 228 et suiv.*)

Le duc d'Enghien périt, parce qu'il était un des acteurs principaux de la conspiration de Georges, Pichegru et Moreau.

Pichegru fut arrêté le 28 février, Georges le 9 mars, le duc d'Enghien le 18 mars 1804.

Le duc d'Enghien figurait déjà, depuis 1796, dans les intrigues des agens de l'Angleterre, comme le prouvent les papiers saisis dans le caisson de Kleinglin, et les lettres de Moreau au Directoire, du 19 fructidor 1797.

» ordinaire dans les années 1800, 1801, 1802 et 1803, mais
» qui n'était pas en France en 1806 et 1807, et qui s'est occupé
» particulièrement des affaires d'Espagne. Ce n'est pas un
» militaire : il n'a jamais assisté à une bataille; il a les plus
» fausses idées de la guerre. » (*Mémoires, t. II, p.* 205.)

En mars 1803, le discours du trône au parlement britannique annonça le commencement d'une nouvelle guerre et la rupture de la paix d'Amiens. Le gouvernement français manifesta l'intention de porter la guerre en Angleterre. Pendant 1803 et 1804, il couvrit de camps les falaises de Boulogne, de Dunkerque et d'Ostende, et prépara des escadres formidables à Brest, à Rochefort, à Toulon; il couvrit les chantiers de France de prames, de chaloupes, de bateaux canonniers, de grandes et petites péniches; il employa des milliers de bras à creuser des ports sur la Manche pour recevoir ces nombreuses flottilles. De son côté, l'Angleterre courut aux armes; Pitt abandonna le travail paisible de l'échiquier, endossa l'uniforme, et ne rêva plus que machines de guerre, bataillons, forts, batteries; le vieux et vénérable Georges III quitta ses maisons royales, et passa journellement des revues; des camps s'élevèrent sur les dunes de Douvres, des comtés de Kent et de Sussex. Les deux armées se voyaient; elles n'étaient séparées que par le détroit.

Cependant l'Angleterre n'oublia rien de ce qui était propre à réveiller les puissances du continent; mais l'Autriche, la Prusse, la Russie, l'Espagne étaient alliées ou amies de la France, à qui toute l'Europe obéissait : les tentatives pour rallumer la guerre de la Vendée n'étaient pas plus heureuses. Le concordat avait rallié le clergé à Napoléon, et l'esprit des habitants de cette province était bien changé; ils voyaient avec reconnaisance la marche de son administration. Les grands travaux publics qu'il avait ordonnés occupaient des milliers de bras; on travaillait à joindre par un canal la Vienne et la Réna, ce qui permettait aux caboteurs français de se rendre des côtes du Poitou sur celles de Normandie sans doubler le cap d'Ouessant; une nouvelle ville s'élevait au milieu du département de la Vendée, et huit nouvelles grandes routes allaient traverser l'Ouest. Enfin, des sommes considérables étaient, en forme de primes, distribuées aux Vendéens, pour rétablir leurs maisons, leurs églises, leurs presbytères brûlés ou détruits par les ordres du comité de salut public. Le cabinet de Saint-James avait été souvent induit en erreur par les royalistes qui, trompés par leurs propres illusions, l'avaient engagé dans des expéditions fâcheuses; mais il concevait une grande idée de la puissance et des moyens des jacobins. Il se persuada qu'un grand nombre d'entre eux étai mécontent; qu'ils étaient disposés à réunir leurs efforts à ceux des royalistes, et seraient secondé par des généraux jaloux, et que, coordonnant ce efforts des partis opposés, mais réunis par une passion commune, on formerait une faction assez puissante pour opérer une efficace diversion.

Depuis quatre ans, le premier consul avait réun tous les partis qui divisaient la France; la liste de émigrés avait été fermée. On en avait d'abord rayé, depuis éliminé, enfin amnistié tous ceux qu avaient voulu rentrer dans leur patrie; tous leurs biens existans et non vendus leur avaient été rendus, excepté les bois dont la loi leur rendait cependant les revenus. Il ne restait plus sur cette liste que quelques personnes attachées aux princes, ou ennemies déclarées de la révolution, qui n'avaient pas voulu profiter de son amnistie; mais des milliers d'émigrés étaient rentrés, et n'avaient été soumis à d'autres conditions qu'au serment d'obéissance et de fidélité à la république. Le premier consul avait eu ainsi la plus douce consolation que puisse avoir un homme, celle de réorganiser plus de trente mille familles, et de rendre à leur patrie tout ce qui restait de descendans des hommes qui avaient illustré la France dans les divers siècles; ceux mêmes qui restaient émigrés obtenaient fréquemment des passe-ports pour venir visiter leurs familles. Les autels étaient relevés; les prêtres déportés, exilés, étaient à la tête des diocèses, des paroisses, et soldés par la république. Ces diverses lois avaient apporté une grande amélioration dans les affaires publiques, mais cependant avaient eu l'inconvénient inévitable d'enhardir, par ce système d'une extrême indulgence, les ennemis du gouvernement consulaire, le parti royal, et les espérances de l'étranger.

De 1803 à 1804, il y avait eu cinq conspirations; tous les émigrés à la solde de l'Angleterre venaient de recevoir l'ordre de se réunir dans le Brisgaw et dans le duché de Bade. Mussey, agent anglais, intermédiaire pour servir à correspondre avec les ministres Dracke et Spencer-Smith, résidait à Offenbourg, et fournissait avec profusion l'argent nécessaire à tous ces complots.

Le duc d'Enghien, jeune prince plein de valeur, séjournait à quatre lieues de la frontière de France...........

(Mémoires pour servir à l'histoire de la vie privée, du retour et du règne de Napoléon en 1815, publiés à Londres en 1820, par le baron Fleury de Chaboulon, ex-maître des requêtes et secrétaire de Napoléon, page 404.)

« On a long-temps imputé, et les personnes non
» instruites de la vérité imputent encore à M. de
» Caulaincourt l'arrestation du duc d'Enghien. »

(Mémoires pour servir à l'histoire de France sous Napoléon, écrits à Sainte-Hélène par les généraux qui ont partagé sa captivité, et publiés sur les manuscrits entièrement corrigés de la main de Napoléon. *Tome II, écrit par le général Montholon, pag.* 339, 340 *et* 341.)

Note de la main de Napoléon.

Caulaincourt, aide-de-camp de Napoléon, a dû obéir aux instructions que Berthier et Talleyrand, ministre des relations extérieures, étaient chargés de lui donner pour la mission qui lui était confiée :

1°. De confondre les trames ourdies par les ministres anglais sur la rive droite du Rhin;

2°. S'assurer des personnes et papiers de la baronne de Reich et de ses complices, qui tramaient à Offenbourg le renversement du gouvernement consulaire, et la mort du premier consul ;

3°. Inspecter et activer l'armement de la flottille ;

4°. Faire remettre à la cour de Bade des explications sur la violation de son territoire, aussitôt qu'Ordener se serait saisi du duc d'Enghien.

Ordener a dû obéir à l'ordre de passer le Rhin avec 300 dragons, et d'enlever le prince.

La commission militaire a dû le condamner si elle l'a trouvé coupable. Innocent ou coupable, Caulaincourt et Ordener ont dû obéir ; coupable, la commission militaire a dû le condamner ; innocent, elle eût dû l'acquitter, car aucun ordre ne peut justifier la conscience d'un juge. Il n'y a pas de doute que si Caulaincourt eût été nommé juge du duc d'Enghien il l'eût refusé ; mais, chargé d'une mission diplomatique, il a dû obéir ; tout cela est si simple que c'est folie ou délire d'esprit de parti que d'y trouver à redire.

Il est vrai que c'est ce délire des partis qui, bien aise d'attaquer un ancien nom qui avait de nouveaux et d'honorables services, s'est acharné à calomnier Caulaincourt dans cette circonstance. Cette haine et cette injustice furent une des causes de sa faveur. Caulaincourt, chargé, avant l'empire, d'un des départemens du service du palais, n'a eu plus tard que le titre des fonctions qu'il remplissait déjà.

La mort du duc d'Enghien doit être attribuée aux personnes qui dirigeaient et commandaient de Londres l'assassinat du premier consul, et qui destinaient le duc de Berri à entrer en France par la Falaise de Béville, et le duc d'Enghien par Strasbourg; elle doit être attribuée aussi à ceux qui s'efforcèrent, par des rapports et des conjectures, à le présenter comme chef de conspiration; *elle doit être éternellement reprochée enfin à ceux qui, entraînés par un zèle criminel, n'attendirent pas les ordres de leur souverain pour exécuter le jugement de la commission militaire.* Le duc d'Enghien périt victime des intrigues d'alors. Sa mort, si injustement reprochée à Napoléon, lui nuisit, et ne lui fut d'aucune utilité politique. Si Napoléon avait été capable d'ordonner un crime, Louis XVIII et Ferdinand ne règneraient point aujourd'hui, leur mort, on l'a déjà dit, lui a été proposée, conseillée même à plusieurs reprises (1).

Extrait de l'Echo de Sainte-Hélène, ouvrage contenant les opinions et les réflexions de Napoléon sur les événemens les plus importans de sa vie,

---

(1) Napoléon n'a jamais commis de crimes. Quel crime eût été plus profitable pour lui que l'assassinat du comte de Lille et du comte d'Artois? La proposition lui en a été faite plusieurs fois, notamment par *** et ***. Il n'eût pas coûté deux millions. Il l'a rejeté avec mépris et indignation; aucune

recueillis par Barry O'meara, son dernier chirurgien.

Je demandai à Napoléon s'il était vrai que T.... eût gardé une lettre écrite par le duc d'Enghien, et qu'il ne l'eût remise que deux jours après son exécution. « C'est vrai, répondit Napoléon, le duc avait écrit une lettre dans laquelle il offrait ses

---

tentative n'a été faite sous son règne contre la vie de ces princes.

Lorsque les Espagnes étaient en armes au nom de Ferdinand, ce prince et son frère don Carlos, seuls héritiers du trône d'Espagne, étaient à Valençay, au fond du Berri ; leur mort eût mis fin aux affaires d'Espagne ; elle était utile, même nécessaire. Elle lui fut conseillée par *** ; mais elle était injuste et criminelle. Ferdinand et don Carlos sont-ils morts en France ?

On pourrait citer dix autres exemples, ces deux seuls suffisent parce qu'ils sont les plus marquans. Des mains accoutumées à gagner des batailles avec l'épée ne se sont jamais souillées par le crime, même sous le vain prétexte de l'utilité publique : maxime affreuse qui, de tout temps, fut celle des gouvernemens faibles, et que désavouent la religion, l'honneur et la civilisation européenne. (*Mémoires pour servir*, etc.; tome II, écrit par le général Montholon, page 234.)

Napoléon me disait un jour sur le même sujet (la mort du duc d'Enghien) : « Si je répandis la stupeur par ce triste évé-
» nement, de quel autre spectacle n'ai-je pas pu frapper le
» monde, et quel n'eût pas été le saisissement universel !....

» On m'a souvent offert, à un million par tête, la vie de
» ceux que je remplaçais sur le trône ; on les voyait mes com-
» pétiteurs, on me supposait avide de leur sang ; mais ma
» nature eût-elle été différente, eussé-je été organisé pour le

services et me demandait le commandement d'une armée; et ce scélérat de T.... ne m'en donna connaissance que deux jours après que le prince eut été mis à mort. » Je fis la remarque que T....., en retenant cette lettre d'une manière aussi coupable, s'était véritablement chargé de la culpabilité de cette action, et que l'on pouvait avec raison lui at-

---

» crime, je me serais refusé à celui-ci, tant il m'eût semblé
» purement gratuit. J'étais si puissant, je me trouvais si for-
» tement assis, ils paraissaient si peu à craindre! Qu'on se
» reporte à l'époque de Tilsitt et à celle de Wagram, à
» mon mariage avec Marie-Louise, à l'état et à l'attitude de
» l'Europe entière! Toutefois, au fort de la crise de Georges
» et de Pichegru, assailli d'assassins, on crut le moment fa-
» vorable pour me tenter, et on renouvela l'offre contre ce-
» lui que la voix publique, en Angleterre aussi bien qu'en
» France, mettait à la tête de ces horribles machinations. Je
» me trouvais à Boulogne où le porteur de paroles était par-
» venu; j'eus la fantaisie de m'assurer par moi-même de la
» vérité et de la contexture de la proposition; j'ordonnai
» qu'on le fît paraître devant moi. Eh bien, monsieur? lui
» dis-je en le voyant. — Oui, premier consul, nous vous le
» livrons pour un million. — Monsieur, je vous en promets
» deux; mais si vous l'amenez vivant. — Ah! c'est ce que je
» ne saurais garantir, balbutia l'homme que le ton de ma
» voix et la nature de mon regard déconcertaient fort en ce
» moment. — Eh! me prenez-vous donc pour un assassin?
» sachez, monsieur, que je veux bien infliger un châtiment,
» frapper un grand exemple, mais que je ne recherche pas un
» guet-apens; et je le chassai. Aussi bien c'était déjà une
» trop grande souillure que sa seule présence. » (*Mémorial de Sainte-Hélène*, par le comte de Las-Cases. *Entretiens du mercredi* 20 *novembre* 1816, *tome VII, pages* 337 *et* 338.)

tribuer la mort du duc d'Enghien. Napoléon répondit que T.... était un *briccone* capable de tous les crimes. Je fis juger le duc d'Enghien comme ayant porté les armes contre la république, et il fut fusillé d'après les lois d'alors.

(Tome 1er, page 20.)

On découvrit par les révélations de plusieurs conspirateurs, que *** attendait, sur la frontière de France, la nouvelle d'un mouvement, et qu'aussitôt il devait entrer en France. Devais-je souffrir tranquillement qu'on envoyât une troupe de gens dont le but était de renverser le gouvernement que j'avais établi? Je donnai ordre qu'on arrêtât le duc d'Enghien. Il fut jugé et condamné d'après une loi portée long-temps avant que j'eusse aucune autorité en France. Il comparut devant une commission militaire composée de tous les colonels des régimens, alors en garnison à Paris. On l'accusa d'avoir porté les armes contre la république, ce qu'il ne nia point. Il se comporta devant le tribunal avec une grande bravoure. A son arrivée à Strasbourg, il m'écrivit une lettre.

Cette lettre fut remise à T.... qui la garda jusques après l'exécution.

(Tome 1er, page 431.)

LETTRE

AU

RÉDACTEUR DU JOURNAL DES DÉBATS,

DU 12 NOVEMBRE 1823.

Palais Bourbon, 10 novembre.

Monsieur,

M. le duc de Rovigo a publié dans sa brochure que S. A. S. monseigneur le duc d'Enghien venait presque toutes les semaines au spectacle à Strasbourg : « C'est une particularité, dit-il, qui m'a été » assurée par une personne qui lui était attachée » à l'époque de son enlèvement. »

Comme j'avais l'honneur d'être attaché à cet infortuné prince, lorsqu'il fut enlevé d'Ettenheim; que je le suivis à la citadelle de Strasbourg, et que je ne m'en séparai qu'au moment de son départ pour Vincennes, où l'on ne me permit point de l'accompagner; que je fus conduit peu de temps après à Paris, renfermé à Sainte-Pélagie, et de-là transféré au Temple; il m'importe non-seulement de ne pas laisser croire que je suis la *personne* dont M. le duc de Rovigo tient le fait qu'il allègue, mais encore de démontrer que ce fait est inexact;

et puisque je trouve l'occasion de parler de la brochure dont il s'agit, je dois en profiter pour établir en outre deux autres points non moins importans : c'est que monseigneur le duc d'Enghien n'avait pas connaissance de la conspiration qui servit de prétexte à son assassinat, et qu'il n'a écrit aucune lettre à Bonaparte.

Mes preuves seront irrécusables ; je les puiserai dans la correspondance même du prince dont les lettres originales sont en mes mains ; j'oserai y joindre mon attestation personnelle.

J'affirme que, pendant le séjour du prince à Ettenheim, le voisinage des frontières de France ne le tenta nullement : dans ses promenades sur le Rhin, il portait la prudence jusqu'à ne pas approcher du Grand-Rhin, limite des deux États. « Je » veux, disait-il, pouvoir, en cas d'événement, » affirmer sur mon honneur que je n'ai jamais été » en France. »

Je ne quittai le prince qu'une seule fois, ce fut pour aller aux eaux de Pétersthal, où je restai un mois. Durant cette courte absence, S. A. S. me fit l'honneur de m'écrire qu'elle venait de recevoir une lettre du prince de Condé, son aïeul : « Il » croit, me dit-elle, d'après les bruits qui ont » couru, que j'ai été incognito à Paris ou du moins » à Strasbourg. Vous jugez qu'il n'en est pas » charmé ; voyez combien il me juge mal et con- » naît peu ma façon de penser, etc. »

Monseigneur le duc d'Enghien écrivit au prince

de Condé lui-même à cet égard. Voici un passage de cette lettre où respire toute la noblesse de son illustre sang :

« Assurément, cher papa, il faut me connaître
» bien peu pour avoir pu dire ou cherché à faire
» croire que j'aurai pu mettre le pied sur le terri-
» toire républicain autrement qu'avec le rang et à
» la place où le hasard m'a fait naître. Je suis trop
» fier pour courber lâchement ma tête : le premier
» consul pourra peut-être venir à bout de me dé-
» truire, mais il ne me fera pas m'humilier. Je puis
» donc vous donner ma parole d'honneur que pa-
» reille idée ne m'est jamais entrée et ne m'en-
» trera jamais dans la tête, etc. »

Je pourrais multiplier de pareilles preuves : mais cette citation suffit pour démontrer que nulle personne bien informée n'a pu assurer à M. le duc de Rovigo que monseigneur le duc d'Enghien était venu en France.

Tout ce que l'on pourrait insinuer, soit dans la brochure, soit ailleurs, pour démontrer que ce prince connaissait la conspiration, serait également contraire à la vérité.

Lorsque cette conspiration fut découverte à Paris, deux généraux de l'armée de Condé qui se trouvaient à Ettenheim, et qui existent, en parlèrent en ma présence dans une conversation générale, et le prince soutint que cette conspiration avait été

supposée; « car, ajoutait-il, si elle eût existé réel-
» lement, mon grand-père et mon père m'en au-
» raient donné connaissance, afin que je prisse
» des précautions pour ma sûreté. »

C'est par suite de ce que monseigneur le duc d'Enghien entendit raconter de cet événement, qu'il adressa, le 26 février 1804, quinze jours avant son enlèvement, une lettre à monseigneur le prince de Condé, où l'on trouve ce paragraphe bien remarquable :

« . . . . . . Dieu veuille qu'il n'y ait pas beaucoup
» de victimes, et que cette malheureuse histoire,
» comme toutes celles de ce genre passées ou à
» venir, ne fasse grand tort aux personnes dé-
» vouées à la bonne cause! Jusqu'à présent, il pa-
» raît que le gouvernement sortira vainqueur de
» cette crise, si tant est que c'en soit une, et que
» tout ceci ne soit pas supposé, chose que je ne
» sais ni ne désire savoir; car ces moyens ne sont
» pas de mon genre, etc. ».

Quant à la lettre que M. le duc de Rovigo prétend avoir été écrite à Buonaparte par le prince, durant sa détention à Strasbourg, ce que je viens de rapporter de ce prince repousse assez l'idée d'une pareille faiblesse. J'ajouterai que je n'ai pas quitté un seul moment monseigneur le duc d'Enghien dans la citadelle de Strasbourg, et qu'il n'a point écrit, ni à Buonaparte, ni à qui que ce soit.

Puisque l'on voulait réveiller des souvenirs douloureux et toucher à la plaie incurable de la vaillante et fidèle maison de Condé, du moins ne fallait-il point parler de son rejeton d'une manière qui ne fût pas conforme à la magnanimité de ses sentimens, à la noblesse de son caractère et à la sainteté de son malheur.

J'ai l'honneur d'être, etc.

Le baron DE SAINT-JACQUES.

EXTRAIT

DU

TESTAMENT DE NAPOLÉON

DATÉ DE LONGWOOD, ÎLE SAINTE-HÉLÈNE,

LE 15 AVRIL 1821.

... J'ai fait arrêter et juger le duc d'Enghien, parce que cela était nécessaire à la sûreté, à l'intérêt et à l'honneur du peuple français, lorsque le comte d'...... entretenait, de son aveu, soixante assassins à Paris. Dans une semblable circonstance, j'agirais de même.

ACTES ET PIÈCES

CONCERNANT

L'EXHUMATION DU CORPS

DE

MONSEIGNEUR LE DUC D'ENGHIEN,

QUI A EU LIEU LE 20 MARS 1816, EN EXÉCUTION DES ORDRES DU ROI.

Procès-verbal d'enquête.

L'AN mil huit cent seize, le lundi dix-huit mars, nous Arnaud-Joseph de Laporte-Lalanne, conseiller d'État, chef du conseil de son altesse sérénissime monseigneur le prince de Condé, membre de la Légion-d'Honneur;

Et Louis-Étienne-François Héricart-Ferrand de Thury, maître des requêtes, membre de la chambre des députés, colonel de la neuvième légion de la garde nationale, officier de la Légion-d'Honneur, inspecteur en chef du corps royal des mines,

Commissaires du roi, nommés, en vertu de ses ordres, par monseigneur le garde-des-sceaux, ministre de la justice, conformément à la lettre de

Sa Majesté du quinze du présent mois (1), pour dresser les actes relatifs à l'exhumation et à la translation, dans une chapelle de dépôt établie dans le château de Vincennes, du corps de très-haut et très-puissant prince Louis-Antoine-Henri de Bourbon-Condé, duc d'Enghien, prince du sang, pair de France, né le 2 août 1772, fils de très-haut et très-puissant prince Louis-Henri-Joseph, duc de Bourbon, prince du sang, grand maître en survivance, et de très-haute et puissante princesse Louise-Marie-Thérèse-Batilde d'Orléans,

Assistés de M. le chevalier de Contye, maréchal-de-camp, gentilhomme et aide-de-camp de son altesse sérénissime monseigneur le prince de Condé,

Et de M. le chevalier Jacques, colonel, aide-de-camp et secrétaire des commandemens de S. A. S. monseigneur le duc de Bourbon,

Lesquels nous ont été adjoints en vertu des ordres du roi dont monseigneur le garde-des-sceaux nous a donné communication :

Nous nous sommes transportés à Vincennes à l'effet d'y procéder à l'enquête ordonnée par Sa Majesté, pour constater l'authenticité du dépôt du corps de monseigneur le duc d'Enghien dans le lieu désigné comme étant celui de sa sépulture actuelle.

Étant arrivés au château de Vincennes le sus-

---

(1) *Voyez* Pièces justificatives, n° 1.

dit jour, à onze heures du matin, nous y avons été reçus par M. le marquis de Puyvert, maréchal-de-camp, questeur de la chambre des députés et gouverneur dudit château,

Lequel nous a introduits dans une salle servant provisoirement de salle du conseil.

Nous y avons trouvé réunis M. le comte Armand de Beaumont, colonel, lieutenant de roi du château;

M. le comte de Baschi du Cayla, pair de France, lieutenant-général des armées du roi, premier gentilhomme de la chambre de S. A. S. monseigneur le prince de Condé;

M. le vidame de Vassé, lieutenant-général des armées du roi, premier écuyer de S. A. S. monseigneur le prince de Condé, et ci-devant premier gentilhomme de la chambre de monseigneur le duc d'Enghien, son adjudant-général;

M. le comte de Rully, pair de France, lieutenant-général des armées du roi, premier gentilhomme de la chambre de S. A. S. monseigneur le duc de Bourbon.

En présence desquels nous avons procédé à ladite enquête ainsi qu'il suit :

Ont comparu les témoins ci-après dénommés, savoir :

Premièrement, le sieur Blancpain (Jean-Baptiste), brigadier de gendarmerie en retraite, demeurant à Paris, rue des Francs-Bourgeois, n° 12, lequel, après serment de dire vérité, a déposé ainsi qu'il suit :

Ayant reçu, le vingt mars mil huit cent quatre, du général Savary, à la caserne des Célestins, rue du Petit-Musc, près l'Arsenal, l'ordre d'aller à Vincennes avec la gendarmerie d'élite dans laquelle il servait, il s'y rendit aussitôt.

Arrivé au château de Vincennes avec ce détachement, il y fut sur-le-champ établi surveillant d'un prisonnier de haute importance qu'il a su depuis être monseigneur le duc d'Enghien, et en sa qualité de surveillant, il fut placé au haut de l'escalier de son logement.

Il l'a accompagné à deux reprises au pavillon dit de la Porte-du-Bois, dans lequel se tenait le conseil de guerre.

Après le jugement rendu par ledit conseil de guerre, le général Savary l'a placé dans le fossé sous le pont de la Porte-du-Bois, à cinquante pas environ du pavillon de la Reine, au pied duquel s'est faite l'exécution.

Il en a été témoin de la dite place, sans pouvoir cependant distinguer bien précisément ce qui se passait; si ce n'est qu'il a entendu, à deux ou trois reprises, le général Savary, qui se tenait en haut, sur le bord extérieur du fossé, et vis-à-vis, ordonner à l'adjudant Pelé de commander le feu. Il n'y avait d'autres lumières dans le fossé que celle d'une lanterne éclairée de plusieurs chandelles, et placée à quelque distance.

Aussitôt après que le prince fut tombé, il a vu les gendarmes s'approcher de son corps et l'emporter tout habillé pour le déposer dans une fosse préparée derrière un mur de cinq à six pieds de hauteur environ, et distant de trois pas du lieu de l'exécution, lequel servait de dépôt de décombres. La fosse fut fermée sur-le-champ.

Le prince était vêtu d'un pantalon gris, bottes à la hussarde, cravatte blanche, ayant sur la tête une casquette à double galon d'or, laquelle, à ce qu'il a entendu dire, fut immédiatement jetée dans la fosse. Le prince portait deux montres dont l'une seulement lui fut enlevée par un gendarme et remise par lui au général Savary; l'autre est restée sur sa personne, ainsi que les bagues qu'il avait aux doigts et dont une portait un brillant.

Enfin, sur le bord extérieur du fossé, avec le général Savary, se trouvaient plusieurs officiers-généraux, parmi lesquels il a reconnu le général Caulaincourt, écuyer de Buonaparte, qu'il avait vu descendre de voiture dans la cour (1).

N'ayant rien autre à déclarer, a signé avec nous,

---

(1) Ce fait est inexact en ce qui touche M. de Caulaincourt. Le gendarme auteur de cette déposition s'est rétracté. Voyez la déclaration de M. Charles Nodier, ci-devant p. 216. Il est d'ailleurs prouvé par la déclaration unanime de quatre témoins dignes de foi, que M. de Caulaincourt était à Lunéville le même jour où le gendarme croit l'avoir vu à Vincennes. Voyez pages 208 *et suiv.*

témoin, après lecture faite. *Signé* Blancpain, Laporte-Lalanne, le vicomte Héricart-Ferrand de Thury.

Secondement, le sieur Bonnelet (Louis-François), âgé de 60 ans, manœuvrier, demeurant à Vincennes, rue de la Pissote, n° 107, lequel, après serment de dire vérité, a déclaré :

Que le jour même où monseigneur le duc d'Enghien est arrivé au château de Vincennes, le commandant du château, M. Harel, lui donna à lui, Bonnelet, vers les trois heures après midi, l'ordre de creuser une fosse pour y retirer des décombres et immondices formées par un mur de quatre à cinq pieds de haut, au bas du pavillon de la Reine; qu'il y avait travaillé depuis trois heures après midi jusqu'à la fin du jour, et qu'il y avait fait une fosse de deux pieds et demi de profondeur, sur trois de largeur et cinq à six de longueur ;

Que le lendemain l'entrée du fossé lui ayant été interdite, ce n'est que le surlendemain qu'il a pu aller voir la fosse qu'il avait faite, qu'il l'a trouvée comblée et la terre relevée par-dessus en forme de sépulture;

Que pendant un certain temps, mais dont il ne peut déterminer la durée, il y a eu une sentinelle placée vis-à-vis en haut, sur le bord extérieur du fossé, et qu'elle ne permettait pas d'approcher pour regarder dans le fossé.

Enfin, que, dès le lendemain, tout le monde disait, dans Vincennes, que monseigneur le duc d'Enghien avait été fusillé et enterré dans les fossés du château.

Ce qui est tout ce que le témoin a dit savoir; et ayant déclaré ne savoir signer, il a apposé sa croix que nous avons certifiée. Ici est la croix du sieur Bonnelet. *Signé* Laporte-Lalanne, le vicomte Héricart-Ferrand de Thury.

Troisièmement, M. Godard (Guillaume-Auguste), employé aux octrois et demeurant à Vincennes, rue de la Charité, n° 181, âgé de quarante-trois ans, lequel, après serment de dire vérité, nous a déclaré :

Qu'au mois de mars 1804 il était canonnier au sixième régiment d'artillerie, et employé comme artificier au château, sous les ordres du sieur Germain, garde d'artillerie;

Que ledit sieur Germain se trouvant, le 20 mars, indisposé, M. Harel, commandant, qui avait d'abord été chez le garde d'artillerie, fut le trouver lui, Godard, et lui donna l'ordre de délivrer trois pelles et trois pioches que des gendarmes vinrent eux-mêmes chercher au magasin, en présence de M. Harel;

Qu'ensuite, sur l'ordre qu'il en reçut dudit Harel, il se transporta chez ce commandant dont l'épouse lui demanda de lui apporter deux bouteilles d'eau-de-vie, parce qu'elle n'en avait point et que *ces Messieurs* pourraient en avoir besoin;

Que tout le monde, dans le château, était consigné, et que lui seul, Godard, en sa qualité, avait permission d'y circuler;

Qu'il savait qu'il était entré au château un prisonnier de distinction, arrivé dans une voiture à six chevaux, à l'entrée de la nuit, et qui avait une casquette à double galon d'or, lorsqu'il était descendu de voiture, lui présent;

Qu'il était persuadé, en fournissant les outils, qu'ils étaient destinés à répandre un grand tas de fumier nouvellement jeté dans le fossé par la troisième arcade de la cour, et s'élevant au-dessous de manière à pouvoir favoriser l'évasion du prisonnier;

Qu'après avoir porté à la dame Harel les deux bouteilles d'eau-de-vie qu'elle avait demandées, il fut se coucher vers les minuit et demi;

Que le lendemain il alla chez le commandant redemander les pelles et les pioches qu'il avait délivrées aux gendarmes, et qu'il devait rétablir au magasin;

Que le commandant lui ayant dit qu'il pouvait les aller chercher dans le fossé, il y était descendu, et qu'ayant demandé à un homme qui travaillait, s'il savait où elles pouvaient être, cet homme lui répondit qu'elles étaient au pied du pavillon de la Reine;

Qu'en approchant au pied d'un petit mur alors existant, il aperçut à terre une espèce de calotte de maroquin vert, près d'un pommier (depuis arraché), et qu'ayant, dès le matin, entendu dire que monseigneur le duc d'Enghien était le prisonnier qu'il avait vu la veille, lequel avait été fusillé pendant la nuit, et enterré dans le fossé, la vue de cette calotte lui causa une émotion qui lui permit à peine d'y arrêter plus long-temps les yeux;

Qu'il se pressa d'entrer dans l'enceinte au pied du pavillon et d'y ramasser ses pelles et ses pioches qui étaient jetées çà et là sur une fosse nouvellement faite, et présentant une élévation d'un pied au-dessus de terre, dans la forme d'une sépulture.

Et a signé avec nous le comparant, la présente déclaration, après lecture faite; *signé*, Godard, Laporte-Lalanne, le vicomte Héricart-Ferrand de Thury.

Fait au château de Vincennes, à quatre heures de l'après-midi, le lundi 18 mars 1816.

Signé Laporte-Lalanne, le vicomte Héricart-Ferrand de Thury, le chevalier de Contye, le chevalier Jacques, le comte de Baschi du Cayla, le vidame de Vassé, le vicomte de Rully, le général marquis de Puyvert, le comte Armand de Beaumont.

Le vingt mars mil huit cent seize, nous, commissaires du roi, nous sommes de nouveau transportés au château de Vincennes pour y continuer l'enquête par nous commencée le dix-huit du présent mois, à l'effet de constater le lieu où monseigneur le duc d'Enghien a été inhumé.

Entrés à onze heures dans la salle du conseil,

nous y avons trouvé les personnes présentes à notre procès-verbal d'enquête du dix-huit, et en outre :

M. le comte de Pradel, directeur général de la maison du roi, ayant *par intérim* le porte-feuille du ministre de la maison de S. M. ;

M. le marquis Aymer de la Chevalerie, maréchal-de-camp, aide-de-camp de S. A. S. monseigneur le prince de Condé ;

M. le chevalier de Jaubert, écuyer de S. A. S. madame la duchesse de Bourbon ;

M. de Jalabert, vicaire général du diocèse de Paris, le siége vacant ;

M. Guérin, chevalier de Saint-Michel, médecin de S. A. R. monseigneur le duc de Berri, et de S. A. S. monseigneur le prince de Condé ;

M. de Bonnie, ancien chirurgien de l'hôpital des gardes-françaises, et chirurgien de S. A. S. monseigneur le prince de Condé ;

M. le comte de Béthisy, maréchal-de-camp des armées du roi, commandant la troisième brigade d'infanterie de la garde royale, membre de la chambre des députés ;

M. de Saint-Félix, membre de la Légion d'Honneur, premier aide des cérémonies de France ;

M. le vicomte Charles de Geslin, second aide des cérémonies, chevalier de Saint-Louis, lieutenant-colonel de cavalerie ;

M. Héricart de Montplaisir, docteur en médecine de la faculté de Paris, nommé commissaire du roi ;

M. Delacroix, chirurgien honoraire de S. A. S. monseigneur le prince de Condé, nommé commissaire du roi;

M. de Chamfort, maire de la commune de Vincennes;

M. le marquis de Courtemanche, maréchal-de-camp, ci-devant premier aide-de-camp de monseigneur le duc d'Enghien;

M. le comte de Chaillon de Jonville, colonel, aide-de-camp de M. le duc d'Enghien;

En présence desquels nous avons procédé à la continuation de l'enquête ainsi qu'il suit:

Nous avons fait comparaître madame Bon (Madeleine) ancienne religieuse, demeurant à Paris rue Picpus, n° 31, chez M. Rochette, opticien, laquelle, après serment de dire vérité, a dit:

Qu'étant, à l'époque du mois de mars 1804, maîtresse de pension à Vincennes, elle avait, entre autres élèves, les filles de madame Harel, qui venaient prendre des leçons chez elle comme externes;

Que le 20 mars les ayant ramenées à leur mère, sur les cinq heures après-midi, elle vit arriver dans la cour du château une voiture à six chevaux et en descendre un homme, d'une figure et d'une taille distinguées, qui fut reçu par le sieur Bourdon, employé au château, et par le sieur Harel, commandant.

Qu'étant montée chez la dame Harel, elle y apprit, de la bouche même du commandant, que ce personnage était vraisemblablement un prince que le sieur Harel paraissait ne pas connaître ; qu'elle ne put en savoir davantage, étant sortie sur les six heures de chez madame Harel qu'elle laissa dans une douleur profonde ;

Que le lendemain on lui dit que le personnage, qu'elle avait vu la veille, était Mgr. le duc d'Enghien, lequel avait été fusillé dans la nuit, et enterré sur-le-champ dans les fossés ; qu'on lui en montra même la place, dans une enceinte au pied du pavillon de la Reine, formée par le petit mur de quatre à cinq pieds de hauteur; et a signé après lecture faite.

Signé Bon, Laporte-Lalanne, et vicomte Héricart-Ferrand de Thury.

La déclaration de la dame Bon ayant achevé de confirmer les indications qui nous avaient été données sur le lieu où M. le duc d'Enghien avait été inhumé, nous avons cru devoir nous abstenir d'en recevoir d'autres.

Et vers l'heure de midi, M. le comte Anglès, ministre d'État, préfet de police, désigné par S. M. pour légaliser l'exhumation par sa présence, étant arrivé et s'étant réuni à nous, nous sommes descendus dans les fossés, accompagnés des personnes ci-dessus dénommées, auxquelles s'étaient joints madame Bon, le sieur Godard et le nommé Bonnelet. Ces deux derniers nous ont conduits à la place qu'ils nous avaient indiquée dans leur déclaration, au pied du pavillon de la Reine, et Bonnelet s'est mis au nombre des travailleurs.

Nous avons cru devoir, pour plus de sûreté, faire découvrir le terrain dans une étendue de dix pieds, sur douze environ; et au bout d'une heure et demie de travail, la fouille étant à peu près à quatre pieds de profondeur, on a découvert le pied d'une botte, et dès ce moment nous avons été assurés du succès de nos recherches.

MM. Héricart de Montplaisir, Delacroix, Guérin et Bonnie sont descendus dans la fosse, et ont pris personnellement la direction des travaux qui ont été continués avec les plus grandes précautions. Le résultat a été constaté par le rapport qu'ils en ont dressé, et qui sera annexé au présent (1).

Les personnes les moins exercées pourront se convaincre, par la lecture de ce rapport, qu'il ne nous est rien échappé des restes précieux que nous avions à recueillir.

Nous en sommes particulièrement redevables au zèle religieux que MM. les médecins ont mis non-seulement à diriger les travailleurs, mais à les remplacer eux-mêmes.

Après s'être assurés de la direction dans laquelle le corps était posé, ils se sont occupés de retirer, avec les plus grands ménagemens et par parcelles, la terre qui le recouvrait.

---

(1) *Voyez* Pièces justificatives, n° 2.

C'est ainsi qu'ils sont parvenus successivement à découvrir :

1°. Une chaîne d'or avec son anneau, que M. le chevalier Jacques a reconnue pour être celle que le prince portait habituellement, et qui, en effet, a été trouvée près de ses vertèbres cervicales. Cette chaîne et les petites clefs de fer qui accompagnent le cachet d'argent mentionné ci-dessous, nous avaient été annoncés d'avance par M. le chevalier Jacques, le fidèle compagnon d'armes de monseigneur le duc d'Enghien, qui s'est enfermé avec lui dans la citadelle de Strasbourg, et ne s'en est séparé que lorsque le prince a été emmené à Paris, parce qu'il ne lui a pas été permis de le suivre;

2°. Une boucle d'oreille; l'autre n'a pas été retrouvée;

3°. Un cachet d'argent aux armes de Condé, encastré dans une agrégation ferrugineuse fortement oxidée, et où nous avons reconnu une petite clef de fer ou d'acier.

4°. Une bourse de maroquin à soufflet contenant onze pièces d'or et cinq pièces d'argent ou cuivre;

5°. Soixante-dix pièces d'or, ducats, florins et autres, faisant vraisemblablement partie de ceux qui lui avaient été remis par M. le chevalier Jacques au moment de leur séparation, renfermés dans des rouleaux cachetés en cire rouge dont nous avons trouvé quelques fragmens.

Tous ces objets inventoriés par nous et par

M. le comte Anglès, ont été mis à part, et nous sommes restés chargés de ce précieux dépôt.

On a recueilli également des débris de vêtemens, parmi lesquels se trouvent les deux pieds de bottes, et des morceaux de la casquette portant encore l'empreinte d'une balle qui les avait traversées. Ces débris, ainsi que la terre recueillie autour du corps, ont été réunis aux ossemens et placés dans un cercueil de plomb.

Cette opération terminée, nous sommes remontés au château, le corps porté par des sous-officiers de la garde royale, escorté d'une garde d'honneur, et suivi d'un grand concours de militaires de tous grades de la garnison du château, et d'autres personnes qui avaient été témoins de l'exhumation.

Le cercueil a été déposé dans une salle provisoirement préparée pour le recevoir, en attendant le jour de demain où il sera transporté dans la chapelle de dépôt qui lui est destinée.

Le cercueil a été recouvert, soudé par les plombiers, et renfermé dans une caisse de bois avec cette inscription sur une plaque de cuivre :

« Ici est le corps de très-haut et très-puissant
» prince Louis-Antoine-Henri de Bourbon-Con-
» dé, duc d'Enghien, prince du sang, pair de
» France, mort à Vincennes, le 21 mars 1804,
» âgé de 31 ans 9 mois 19 jours. »

M. le chapelain du château a fait entourer le

cercueil de cierges, et, assisté d'un autre ecclésiastique, il est resté pour réciter les prières de l'église.

M. le marquis de Puyvert a fait placer une garde à la porte de la salle, ainsi que dans les fossés à l'endroit où la fouille a été faite.

Fait au château de Vincennes, le mercredi vingt mars mil huit cent seize. *Signé :* Laporte-Lalanne, le vicomte Héricart-Ferrand de Thury, le chevalier de Contye, le chevalier Jacques, le comte Anglès, le marquis Aymer de la Chevalerie, le comte Armand de Beaumont, le comte de Baschi du Cayla, le vidame de Vassé, le comte de Pradel, le vicomte de Rully, Saint-Félix, Bonnie, Guérin, Jalabert, vicaire-général, Charles de Geslin, le général comte Charles de Béthisy, le marquis de Courtemanche, Héricart de Montplaisir, Delacroix, le chevalier Jaubert, Chamfort, Roger, curé de Vincennes, l'abbé Rougier, chapelain, le général marquis de Puyvert, le comte Chaillon de Jonville.

Le jeudi, vingt-un mars mil huit cent seize, nous, commissaires du roi, nous étant transportés au château de Vincennes, nous y avons trouvé, rassemblées, toutes les personnes dénommées dans les actes précédens.

A onze heures du matin, le clergé étant survenu, nous nous sommes rendus à l'endroit où le corps de monseigneur le duc d'Enghien avait été provisoirement déposé hier.

La levée du corps s'est faite avec les cérémonies d'usage, et de suite nous nous sommes mis en marche, précédés du clergé, pour nous rendre au pavillon de la porte du Bois où était dressée la chapelle de dépôt, le cercueil porté par des sous-officiers des différens corps de la garde, et accompagné des *honneurs* que portaient les anciens officiers de la maison de monseigneur le duc d'Enghien, savoir : M. le vidame de Vassé, son ancien adjudant-général, la couronne; M. le marquis de Courtemanche, le collier de l'Ordre du Saint-Esprit, et M. le comte Chaillon de Jonville, aide-de-camp du prince, l'épée.

Toute la garnison était sous les armes, et rendait, avec un respect religieux, les honneurs militaires aux derniers restes d'un prince, qui, malgré les malheurs du temps, a laissé de profonds souvenirs dans les cœurs de tous les soldats français.

Au pied du pavillon, M. le marquis de Puyvert a fait faire halte, et se tournant vers la troupe qui servait d'escorte, a dit :

« Soldats,

» Cette pompe funèbre nous rappelle des sou-
» venirs déchirans, mais bien chers à des cœurs
» français. Voilà tout ce qui nous reste d'un prince
» si brave, digne rejeton d'une race féconde en
» héros. Ses premiers exploits nous promettaient
» encore un grand Condé. Leur éclat alarma l'in-
» satiable ambition de ce tyran qui ravagea la

» France pour désoler l'Europe. Il fit de sa mort
» le gage sanglant d'une union régicide, et son
» atroce perfidie l'immola au pied de cet antique
» donjon où le plus illustre de ses aïeux fonda
» le berceau de la monarchie.

» Honorons sa mémoire par des regrets éter-
» nels, par un dévouement sans bornes à son
» auguste race, et pour lui rendre un dernier
» hommage digne de son cœur, jurons à ses mâ-
» nes de vivre et de mourir, comme lui, fidèles
» à nos sermens, fidèles à nos rois légitimes.

» *Vive le roi! Vivent à jamais les enfans de*
» *Saint-Louis! Gloire aux Condés!* »

Ce discours, prononcé avec le sentiment qui l'avait inspiré, a excité le plus vif enthousiasme; les soldats versaient des larmes; et l'impression produite, par le discours de M. le gouverneur, sur ceux qui avaient été à portée de l'entendre, s'étant communiquée de proche en proche aux plus éloignés, toutes les cours du château ont retenti du cri de vive le roi!

C'est ainsi que toutes les fois que l'occasion s'en est présentée, nous avons pu reconnaître le bon esprit de la garnison de Vincennes, et les sentimens de loyauté et de dévouement à son roi dont elle est animée.

C'est dans la salle même où s'est tenu le conseil de guerre, la nuit du 20 au 21 mars, que l'on a cru devoir établir la chapelle de dépôt. C'est là que les restes précieux du prince sont conservés à la vénération de ses anciens compagnons d'armes et des ames pieuses qui viendront y offrir des prières d'expiation.

Nous les y avons déposés en attendant que l'ancienne sainte chapelle, fondée par Saint Louis, et encore existante dans la cour du château, puisse les recevoir conformément aux intentions du roi.

M. l'abbé Rougier, chapelain du château, à qui la garde en a été confiée, y est resté pour célébrer le saint sacrifice, tandis que nous nous rendions à l'église paroissiale, où, par les ordres de M. le grand-maître des cérémonies, un service solennel avait été préparé.

La messe a été célébrée par M. du Chilleau, ancien évêque de Châlons-sur-Saône, au milieu d'un concours tel que l'église n'a pu contenir que la moindre partie des personnes qui auraient voulu ou dû y entrer.

M. Roger, curé de Vincennes, qui, pendant son émigration, a été à portée d'acquérir une connaissance personnelle des traits de bonté et de magnanimité dont se composait toute la vie de monseigneur le duc d'Enghien, s'est particulièrement attaché à les retracer, et ces traits, qui rappelaient à un grand nombre de ses auditeurs des souvenirs douloureux et chers, ont été accueillis par eux comme le plus pur et le plus digne hommage qui pût être rendu à la mémoire d'un héros, l'objet de leurs profonds regrets.

Après la cérémonie, nos fonctions étant terminées, nous sommes rentrés au château dans la salle du conseil, et nous y avons clos le procès-verbal de nos opérations, en présence des personnes nommées pour y concourir et qui ont signé avec nous.

Fait à Vincennes, le jeudi 21 mars 1816 à trois heures après midi.

Signé Laporte-Lalanne, le vicomte Héricart Ferrand de Thury, le chevalier de Contye, le chevalier Jacques, le comte Anglès, le marquis Aymer de la Chevalerie, le comte Armand de Beaumont, le comte de Baschi du Cayla, le vidame de Vassé, le comte de Pradel, le vicomte de Rully, Saint-Félix, Bonnie, Guérin, Jalabert, vicaire-général, Charles de Geslin, le général comte de Béthisy, le marquis de Courtemanche, Héricart de Montplaisir, Delacroix, le chevalier Jaubert, Chamfort, Roger, curé de Vincennes, l'abbé Rougier, chapelain, le général marquis de Puyvert, le comte Chaillon de Jonville, † Jean-Baptiste, évêque de Châlons-sur-Saône.

Pour copie conforme,
Les commissaires du roi,

Laporte-Lalanne, le vicomte Héricart-Ferrand de Thury, le chevalier de Contye, le chevalier Jacques.

PIÈCES JUSTIFICATIVES.

N° 1.

Mons le garde-des-sceaux, nous avons ordonné que le corps de feu notre cousin et cher parent, le duc d'Enghien, enterré près du château de Vincennes, sera exhumé et transféré dans une chapelle qui sera érigée dans ledit château. Notre intention est que cette exhumation soit constatée par une enquête faite avec les solennités qui conviennent à cette triste circonstance. Vous en chargerez un conseiller d'État et un maître des requêtes, qui y assisteront de notre part, et rédigeront les actes relatifs à l'exhumation, et leur présence sera un témoignage de l'affection que nous portions à notre dit cousin le duc d'Enghien, de la profonde douleur que nous avons ressentie à l'occasion de la mort de ce jeune prince, ainsi que des consolations que nous voudrions donner à ses illustres parens, après le crime détestable qui les a privés de leur plus chère espérance.

Et la présente n'étant à autre fin, je prie Dieu qu'il vous ait, mons le garde-des-sceaux, en sa sainte et digne garde.

Fait à Paris, le quinzième jour de mars de l'an

de grâce mil huit cent seize, et de notre règne le vingt-unième.

Signé Louis.

Par le Roi,

Le garde-des-sceaux, ministre secrétaire d'État.

N° 2.

Procès-verbal de MM. les médecins et chirurgiens, commissaires du roi, pour l'exhumation du corps de monseigneur le duc d'Enghien.

Nous soussignés Héricart de Montplaisir, docteur en médecine de la Faculté de Paris, et Delaroix, chirurgien honoraire de S. A. S. monseigneur le prince de Condé;

Nommés par le roi, et assistés de M. Guérin, médecin de S. A. R. monseigneur le duc de Berri et de S. A. S. monseigneur le prince de Condé, et de M. Bonnie, chirurgien de S. A. S. monseigneur le prince de Condé;

Certifions qu'étant descendus dans la fouille, nous avons constaté que le premier objet qui avait été aperçu, était un pied de botte contenant des ossemens que nous avons reconnus être ceux du pied droit, et que nous avons recueillis.

Ayant ensuite découvert dans leur tiers inférieur les os de la jambe à laquelle appartenait ce pied, leur position nous a fait présumer quelle pouvait être la situation du corps.

En continuant nos travaux, nous avons mis à découvert le coude du bras gauche, ce qui nous a fourni un indice de plus sur la direction du corps, et nous avons jugé, d'après l'élévation plus grande des pieds, que le corps et la tête devaient être plus profondément placés.

Nous avons fait creuser sur l'un des côtés dans la direction du corps, de manière à le pouvoir découvrir ensuite au-devant de nous, partie par partie.

Nous avons d'abord procédé à la recherche de la tête que nous avons trouvée brisée.

Parmi les fragmens, la mâchoire supérieure entièrement séparée des os de la face, était garnie de douze dents;

La mâchoire inférieure, fracturée dans sa partie moyenne, était partagée en deux et ne présentait plus que trois dents;

Dans la terre qui avoisinait les os du crâne, nous avons trouvé des cheveux;

Nous avons acquis la certitude que le corps était à plat sur le ventre, la tête plus basse que les pieds;

Nous avons ensuite découvert et enlevé successivement les vertèbres du cou avec une chaîne d'or, l'omoplate gauche, le bras et la main gauches;

Le reste de la colonne vertébrale, l'omoplate droite, le bras droit et la main allongés parallèlement au corps, sous lequel, et parmi des lambeaux de vêtemens, on a trouvé des pièces d'or et une bourse de maroquin;

Le bassin, dont l'os de la hanche gauche présentait, au-dessus de la cavité qui reçoit l'os de la cuisse, une fracture avec une échancrure circulaire;

Les os de la cuisse, de la jambe et du pied du côté gauche, parfaitement en rapport entre eux, mais la cuisse écartée en dehors, et la jambe fléchie en dedans sur la cuisse;

Enfin les os de la cuisse et de la jambe, du côté droit;

Tous ces ossemens étaient complètement privés de parties molles et généralement bien conservés.

A mesure que nous les avons recueillis, nous les avons présentés à messieurs les commissaires du roi, et ils ont été déposés, avec les terres environnantes, dans un cercueil de plomb qui a été soudé en notre présence.

Fait au château de Vincennes, le mercredi vingt mars mil huit cent seize.

Signé, Héricart de Montplaisir, Delacroix, Guérin, Bonnie; le ministre d'État préfet de police, comte Anglès; Laporte-Lalanne, le vicomte Héricart-Ferrand de Thury, le chevalier de Contye, le chevalier Jacques.

Pour copie conforme,

Laporte-Lalanne.

TABLE
DES MATIÈRES.

INTRODUCTION. j
Lettre INÉDITE de M. le duc de Rovigo, destinée à S. A. R. Mgr le comte d'Artois, lieutenant-général du royaume. 1
Extrait des Mémoires de M. le duc de Rovigo, concernant la catastrophe de Mgr le duc d'Enghien. 9
Discussion des actes de la commission militaire instituée en l'an XII, par le gouvernement consulaire, pour juger le duc d'Enghien.
Avant-propos. 57
§ Ier. Illégalité de l'arrestation du duc d'Enghien. 62
§ II. Incompétence de la commission militaire. 67
§ III. Irrégularité dans l'instruction. 69
§ IV. Vices du jugement. 73
§ V. Exécution. 79
§ VI. Suites. 81
§ VII. Réflexions générales. 86
Pièces judiciaires et historiques relatives au procès du duc d'Enghien, avec le journal de ce prince, depuis l'instant de son arrestation.
N° 1er. Journal du duc d'Enghien, écrit par lui-même, et dont l'original a été remis au premier consul, le 1er germinal an XII. 88
N° 2. Extrait des registres des délibérations des consuls de la république. 92
N° 3. Lettre de Murat. 93
N° 4. Interrogatoire du prince. 94
N° 5. Jugement. 100
N° 6. Billet de Réal. 103
N° 7. Billet de Réal. 104
N° 8. Billet de Murat. 105
N° 9. Billet de Réal. *ib.*
N° 10. Jugement. 106
N° 11. Billet de Berthier. 113
Explications offertes aux hommes impartiaux, par M. le comte Hulin, au sujet de la commission militaire instituée en l'an XII, pour juger le duc d'Enghien. 115

Examen impartial des calomnies répandues sur M. de Caulaincourt, duc de Vicence, à l'occasion de la catastrophe de Mgr le duc d'Enghien. 127
Extrait de la carte de France, par Capitaine. 128
Plan du trajet fait par le duc d'Enghien, d'Ettenheim à Paris. *ib.*
Pièces déposées chez Me Boileau, notaire à Paris, *au nombre de trente.* 154
Correspondance de M. le duc Dalberg. 236
Lettre du prince de Talleyrand au Roi. 253
Fragmens historiques.
Conseil tenu à la Malmaison entre les trois consuls. 255
Détails sur la conduite de Murat. 256
Conférence de M. M.... avec Réal; détails sur la double expédition du jugement. 258
Conversation de l'amiral T... avec Bonaparte. 261
Notes diplomatiques.
Lettre de M. le prince de Talleyrand, ministre des relations extérieures, à M. le baron d'Edelsheim, ministre d'État à Carlsruhe. 263
Décret de l'électeur de Bade, qui chasse les émigrés hors de son territoire. 264
Fragment d'une note diplomatique, adressée par les ministres de S. M. britannique aux ministres des cours étrangères. 267
Note de M. le baron Massias, ancien chargé d'affaires de France près la cour de Bade. 268
Opinions diverses émises par Napoléon sur la catastrophe du duc d'Enghien.
Extraits du Mémorial de Sainte-Hélène, par M. le baron de Las Cases. 275
— du Manuscrit venu de Sainte-Hélène. 282
— des Mémoires pour servir à l'histoire de France, sous Napoléon, par M. le comte Montholon. 283
— des Mémoires du baron Fleury de Chaboulon. 287
— des Mémoires du général Montholon. Note de la main de Napoléon. 287
— de l'Écho de Sainte-Hélène, par Barry O'Meara. 289
Lettre de M. le baron de Saint-Jacques. 293
Extrait du testament de Napoléon. 299
Actes et pièces concernant l'exhumation du corps de Mgr le duc d'Enghien, qui a eu lieu le 20 mars 1816. 301
Pièces justificatives. 321

www.ingramcontent.com/pod-product-compliance
Lightning Source LLC
Chambersburg PA
CBHW072016150426
43194CB00008B/1130